▲ 醒目的门头、清晰的产品展示、具有调性的形象设计、大众熟知的形象代言人，这些因素综合打造了品牌的核心定位，给消费者直观的印象。这都是吸引顾客进店的超级法宝。

▲ 橱窗内不一定要放置过多的产品，突出的主打款式加上意境式的渲染道具，足以突出品牌的调性与风格。

▶ 终端店想尽一切办法提升顾客的体验率，从而真正提升进店率与销量。关注微信即可打印彩照一张，与可爱的动物们共享下午茶的方式受到了白领的热烈追捧。

◀ 别致的迷你模特和服装，瞬间吸引顾客眼球。仿佛T台般的呈现，使品牌特色感提升。

▶ 磁石效应：门店某角落里的这一组陈列，产生了吸引顾客到店内深处的磁石效应。即使是死角区，也能提升试穿率与成交量。

◀ 体验式销售：顾客除了购物，还可以在店内享受一杯咖啡，度过一段惬意的下午茶时光。体验式消费就是让顾客享受电商所不能赋予的尊贵与休闲感。

▲ 在体验式销售中，教育顾客是重要的一环，产品陈列亦可起到教育顾客的作用。该品牌在陈列中展示了什么叫“植物染料”、什么叫“丝绸”，不仅教授了顾客面料知识，也提升了顾客对品牌的信任度与权威性。

▶ 橱窗的整体设计与搭配要结合不同季节的新品，包括结合产品的色彩、风格、材质、款式等。该橱窗的展示设计虽然没有模特，却使人仿佛看到了在桃花盛开的春天里，那些青春靓丽的身影。

▶ 零碎的物件亦可陈列出规范性与美感，同时为主打服饰的搭配销售起到了至关重要的作用。

◀ 陈列小道具的风格也应该和品牌的调性相结合。这家品牌的定位为“法国小女人、性感热情的小贵妇风格”，你在道具中是否能看出这是一位甜美的巴黎小贵妇喜爱的物品呢?

◀ 顾客体验区的功能主要是满足顾客除了购物以外的其他需求，如休息、品茗、化妆、看杂志等，再配以导购的一对一互动式沟通，此情此景一定会让顾客流连忘返。

▲ 专卖店与其说是在销售产品，不如说是在推广一种生活态度、生活哲学或者内心情愫。顾客在这家店里虽然只是买一束花回家布置，事实上带走的是对精致美好生活的追求态度。

▲ 有没有被这些小玩意给萌翻呢？特别有想带回家的冲动是吧？陈列是一个舞台，商品是这出情景剧的演员，关键是作为导演的你是否给到它们展示魅力的空间。

◀ 木为静，金属为动，动静结合的搭配方式使生活更为真实、灵动。质朴的陈列风格、产品风格代表着品牌大道至简的理念，此理念也被无数消费者认同与追随。

▲　路演的方式已经被很多品牌所采用。路演能吸引顾客的注意，展示品牌魅力，同时还能起到教育消费者的作用。该品牌在模特走秀后，对顾客进行的彩妆知识与技巧的培训，使当日销售大增。

◀　该知名香品品牌商在其会所内定期为VIP客户进行香品试用与香养培训，以及传统雅集活动，这种方式构建了稳定的高端顾客群体，使该品牌的文化性、美誉度得以提升。

顶尖店长这样当

升级版

陈待忠 陈咏雪/著

北京联合出版公司
Beijing United Publishing Co.,Ltd.

图书在版编目（CIP）数据

顶尖店长这样当：升级版 / 陈待忠，陈咏雪著 . —北京：北京联合出版公司，2014.11（2022.2 重印）

ISBN 978-7-5502-3748-3

Ⅰ . ①顶… Ⅱ . ①陈… ②陈… Ⅲ . ①商店—商业管理 Ⅳ . ① F717

中国版本图书馆 CIP 数据核字（2014）第 227960 号

顶尖店长这样当：升级版

作　　者：陈待忠　陈咏雪

出 品 人：赵红仕

选题策划：北京博雅广华文化传媒有限公司

责任编辑：牛炜征　徐秀琴

特约编辑：李淼淼

封面设计：李尘工作室

北京联合出版公司出版

（北京市西城区德外大街 83 号楼 9 层　　100088）

北京时代光华图书有限公司发行

北京晨旭印刷厂印刷　　新华书店经销

字数 255 千字　　787 毫米 ×1092 毫米　　1/16　　彩插 4　　14.5 印张

2014 年 11 月第 1 版　　2022 年 2 月第 9 次印刷

ISBN 978-7-5502-3748-3

定价：39.00 元

顶尖店长这样当/目录
CONTENTS

第一章 迅速转型，扮好店长角色

如果心态没有调整好，仍然以销售明星自居，再加上管理意识与能力不强，刚走上店长岗位就会比做普通店员更有压力，甚至会身心疲惫。新上任店长只有积极转变角色，尽快地熟悉和掌握一些管理技能与专业能力，才能在店面管理中游刃有余。

第二章 辅导店员，培养导购高手

想提升店面的整体业绩，除了要科学地制定和分解销售目标，店长还必须善于辅导店员，培养更多的导购高手，有效增加顾客的进店率、在店时间、试穿率、成交率、忠诚度等。

第三章 有效激励，搞定各类店员

不同店员的性格、特质、行为方式等会有所不同，管理和辅导这些店员的方式也会不同。针对职业迷茫型、心态消极型、老油条型等各类店员，店长必须掌握激励店员的多种方式和技巧，才能极大地提升店员的工作激情和销售业绩。

第四章 善于沟通，增强团队凝聚力

团队中难免出现一些冲突或者纷争，对整体氛围和销售业绩产生负面影响。店长要善于沟通协调，或防患于未然，或妥当处理、及时化解一些消极情绪，从而提升团队的凝聚力和战斗力。

第五章 精心规划，提升店面形象

掌握、传授店员终端设计和陈列技巧，是店长必备的一项专业能力。可以在总部的指导下调整当季橱窗、搭配模特、规范陈列，自制陈列小道具、变换卖场环境等，从而提升店面形象，创造持续而稳定的销售业绩。

第六章 专业服务，维护品牌形象

导购不仅是在卖商品，还要宣传一种美和文化理念。店长要让导购意识到，专业形象和专业服务的重要性，优秀导购一定是钟爱自己的品牌，并在销售时将品牌文化进行推广的人，他能让消费者读懂品牌、钟爱品牌，成为品牌永远的追随者。

第七章 精于算计，加强库存管理

店长要精于算计，加强库存管理。要善于科学订货，通过“组合拳”实现高盈利，既能有效防止断货发生，又能将季末滞销品“变废为宝”，让断码货“起死回生”，实现低成本库存的同时确保销售业绩的提升。

第八章　顾客体验，抗衡电商的法宝

电商冲击下的传统门店业绩下滑、渠道经营方式备受煎熬。冲击摆在面前，逃避和咒骂都不是解决问题的办法。唯有强化门店的核心优势、深挖顾客价值才是王道。

第一章 迅速转型，扮好店长角色

如果心态没有调整好，仍然以销售明星自居，再加上管理意识与能力不强，刚走上店长岗位就会比做普通店员更有压力，甚至会身心疲惫。新上任店长只有积极转变角色，尽快地熟悉和掌握一些管理技能与专业能力，才能在店面管理中游刃有余。

1

从销售明星到一店之长，角色有何改变？

很多店长是因为销售业绩好而被提升为管理者的，如果心态没有调整好，仍然以销售明星自居，再加上管理意识与能力不强，刚走上店长岗位就会比做普通店员更有压力，甚至会身心疲惫。因为，以前做店员时，只需关注自己的业绩；而身为店长时，角色不再单一：不仅考虑自己，更要考虑团队的业绩、员工的管理与激励等，店里事无巨细，方方面面都要关注。此时，你要调整好心态，首先明确店长的角色，然后要尽快地让自己掌握店长必备的管理技能与专业能力。当心态调整到位、能力具备后，你会很愉快地享受做管理者的过程和荣升新岗位的成就感了。

小测试

店长应该具备的角色，你拥有了几样呢？请测试一下。（如果觉得自己做得不错或是认同观点请打5分，如果觉得自己做得一般或是部分认同观点请打3分，如果没有作为或不认同观点请打0分，统计一下总分是多少。）

（1）我把自己当成店铺的经营者，会抓专卖店的核心问题，并觉得经营是管理的前提。（　）

（2）我明白老板看重的是结果，而非过程。（　）

（3）我明白店长就是矛盾的聚集者，所以我会主动协调店员之间的矛盾。（　）

（4）我会有计划地在工作中辅导店员的销售技巧、陈列技巧和其他能力。（　）

（5）在发现店员有情绪问题或工作困惑时，我能有意识地与其进行沟通，帮助他们调整情绪并辅导他们成长。（　）

（6）我在召开晨会的时候总是激情四射，能调动大家的积极性。（　）

（7）我明白店长就是要主动承担责任的人。所以，如果店内出现任何过失，我会第一个站出来承担责任。（　）

（8）当专卖店的事宜需要对外接洽时，我总能找到最好的方法对外沟通，有效应对。（　）

（9）我能对专卖店销售目标的制定提出合理建议，并能将目标有效地分配与下达。（　）

（10）对于店内的业绩下滑，我能和店员们一起分析出原因，有针对性地加以改进，提升业绩。（　）

（11）对于店内货品的进货，我能提出合理化的建议。（　）

（12）我能发现店内的安全隐患，杜绝发生安全事故。（　）

（13）对于店内的现金管理，我能做到安全与准确。（　）

（14）我能有效地组织店里的促销活动，并推进销售目标的达成。（　）

（15）我能对店里的VIP客户进行有效的管理，并促使店员增加VIP客户的销售量。（　）

（16）我能组织店里的员工派单，能有效地分配派单的位置，培训店员派单的技巧，提升派单的成功率。（　）

（17）我能组织VIP客户参加活动，提升VIP客户的满意度。（　）

（18）我能做好自我压力缓解，并能自我激励。（　）

（19）我能组织店内员工进行头脑风暴，解决店里的问题。（　）

（20）我能对自己的职业生涯进行规划，知道自己的下一个职业目标在哪里。（　）

店长伙伴们，看看你的得分情况吧。

得分在60分以下：你还没有适应店长的角色，能力还比较欠缺。建议调整心态，重新调整自己在专卖店的位置，并有计划地提升店长的专业能力与管理能力。

得分在60~80分：你有一定的管理意识了，但管理能力与专业能力还需要提升。

得分在80分以上：恭喜你，你的管理意识很强，专业能力不错，相信专卖店在你的带领下业绩会蒸蒸日上，团队士气高涨。

做完这个测试时，你已经基本了解自己在店长的岗位上可以做到多少分了，或者说已经找到了自身的差距，明确身为店长应该具备哪些意识与能力了。

实战演练

新上任店长情景回放A剧（悲剧版）

王莉是某专卖店的销售明星，刚被提拔为店长一个月。

周日下午，专卖店内客人多，王莉在卖力地推销衣服。两位美女级的VIP客户被王莉哄得分外开心，已经选了三四件待购衣服了。王莉分身乏术，于是命令店员孙佳："孙佳，快去库房拿这款的小号过来。没看见美女们已经等得不耐烦了吗？"

（点评：王莉本来打算讨好顾客，却伤了店员的心。殊不知，顾客重要，店员更重要。没有满意的店员，哪有满意的顾客呢？）

孙佳一听这语气，气不打一处来，暗想："当了店长了不起呀？不就是销售做得好吗？有本事，你自己去拿。"孙佳一边磨蹭，一边自顾自地整理衣服。

王莉见孙佳没反应，当着顾客的面就开始呵斥孙佳了："小孙，现在立即去货房拿衣服，再给美女们倒两杯水。平时做事慢点也就算了，看到张姐、王姐，你还不动作快点？！"

（点评：王莉认为自己身为店长，可以通过命令的方式来安排孙佳做事，孙佳也理应积极地回应。结果，王莉忽视了一点，店员是有情绪的，在情绪上没有认同的情况下，对道理上正确的事也不会去做的。）

王莉越是这般强势，孙佳越是表现出了逆反情绪。孙佳一转头对王莉说："店长，不好意思，我内急，上个厕所。张姐和王姐就交给您伺候了。"

顾客走后，王莉气急败坏地批评孙佳："小孙，你什么意思？现在店长指挥不动你了？"

孙佳也不甘示弱："店长，您这么优秀，以后这个店的销售就交给您了。有您，还要我们干吗？"

（点评：王莉强硬的作风，让孙佳的坏情绪彻底爆发了。身为店长的王莉应该明白一个道理——再优秀的导购也无法独撑一个店的大局，优秀的业绩是靠团队打拼出来的。店长要注重调动店员的主动性，将专业的销售能力传递给店员。）

新上任店长情景回放B剧（欢乐版）

周日下午，专卖店内客人多，王莉在卖力地推销衣服。两位美女级的VIP客户被王莉哄得分外开心，已经选了三四件待购衣服了。销售游刃有余的王莉将店员孙佳叫到一边，对她说：“小孙，我发现你做销售时服务非常不错，也很有耐心，但是临门一脚的关键时刻欠缺了一点。我服务张姐和王姐的时候，你在旁边多观察一下，看看我是怎么推进的。好的销售是相互配合来完成的。一会儿我需要你配合一下，好吗？”

孙佳一听，爽快地答应了。

（点评：让店员感受到了自己存在的重要性，也认同了店长是辅导员和协助者的角色，店员自然会愉快地接受任务。）

两位美女顾客越选越开心，可是店内衣服缺了型号。王莉对顾客说：“这是我们店的小孙，特别勤快。下次您来，我不在时，找小孙就可以。小孙，快去给两位美女姐姐倒杯水，再去库房拿这款的小号。”

（点评：当着顾客的面赞美店员，店员会充满自信，做事会更加尽心。店长将店员主动介绍给顾客，是在帮助店员做销售，店员自然充满对店长的感激。）

孙佳迅速倒完水，并将小号的衣服从库房拿出来，交到王莉手里。王莉忙说：“来，孙佳，你帮张姐在试衣间试一下衣服。”张姐走进试衣间前，王莉说道：“张姐，孙佳的服务非常认真。”孙佳脸上充满着感激与自信，服务得更加周到了。

（点评：维护好店员的公众形象，店长就能空出更多的时间做别的工作。）

两位美女顾客开心地离开后，王莉对孙佳说：“小孙，你的服务非常到位。你平时销售的时候，在临门一脚的时刻会比较胆怯。其实，只要你推荐的衣服是顾客满意的，你完全可以很自信地对顾客说，您穿上去太漂亮了，既有气质又有品位，我给您包上吧！这句话对销售的推进非常有帮助。”

孙佳听到这番话，非常感动地对店长说：“店长，平时您多教教我，我一定好好向您学习。”

（点评：将命令式的管理风格调整为辅导员风格，在沟通中对店员加以辅导、赞美、鼓励，调动了店员的积极性，令店员更加认同与佩服店长了。）

陈老师总结

看完上面的AB剧，你是否能理解店长的角色定位呢？让我们一起梳理一下店长的角色吧！

店长要像什么？

教练员：像教练一样发现员工的优点，培养员工的能力；

指挥员：像指挥家一样安排与调整工作，掌握工作节奏；

导演：将合适的人放到合适的岗位上，充分发挥每个人的作用。

店长不要像什么？

母鸡型店长：事无巨细地处处做主、事必躬亲，只知道保护店员；

警察型店长：只知道罚款，不懂得教育与指导；

兄弟型店长：只讲人情，不讲原则。

五星级店长评价表

能 力	描 述	星 级
店务管理能力	对店员进行排班、出勤考核，对店内设备实施管理	★
目标管理能力	能制定专卖店业绩目标，并对目标进行细化与分派，店员能接受目标管理	★
晨会组织能力	能组织召开生动、有感染力、有启发性的晨会，调动店员的激情	★★
库存管理能力	能对库存清理与货品的存放管理提出实操性的建议	★★
沟通协调能力	通过店长的沟通使店员间相互协作，和谐相处	★★★
员工激励能力	能激励不同店员的干劲，使店员在工作中随时保持激情	★★★
店员辅导能力	能辅导店员，提升店员的销售技巧、陈列技巧与VIP管理效果	★★★★
客户关系管理	带领店员定期向VIP客户发送短信，提供其他增值服务，保持VIP客户与店内的互动	★★★★
促销活动组织	带领店员实施促销或特卖活动，达成销售目标	★★★★
像老板一样思考问题	学会抓核心问题，会选址、能开店、懂选人、擅用人，掌握了辅导店面业绩成长的能力	★★★★★

②

当上店长后，怎样才能让店员接受我?

一个人的位置、角色和定位决定了他处理事务的立场与态度，决定了他该在什么样的场合讲什么话、做什么事、做什么样的决定。刚被提拔起来的店长应该意识到自己的角色已经发生改变，处事、说话、决策都会与以往单纯的导购工作有所不同。导购对待你的态度自然也会发生变化，如今对你的要求就是——你是否是一名公正、有亲和力、具备带头作用的合格店长。

“你凭啥就当店长了呢？”导购们也难免心生不信任感或嫉妒心，以致在日后的工作中处处刁难，设置障碍，疏远店长，使店长的管理工作陷入困境。作为新提拔起来的店长，如何建立新岗位的权威性与认同度呢？如何让店员信任你这位新店长呢？

实战演练

新店长就职仪式

张敏因为做事认真、销售推进力强、工作年限较长被任命为店长。在任命之前老板分别找店员们谈心，询问他们对张敏的态度与意见，在询问后老板感觉到张敏在店员中的威信较高，于是把张敏找到办公室谈心。

老板：“张敏，公司已经决定任命你当店长，你知道大家对你的评价如何吗？”

张敏：“老板，非常感谢您对我的信任。我的优点您是知道的，我做事比较认真，因为在店的时间比较长，所以销售比较有经验。但是，由于太讲原则，有时候我说话太直接，会得罪店员。”

（点评：老板在任命店长前要充分了解店员们对新店长的评价，打好群众基础，实现“扶上马再送一程”的效果。）

老板：“明天我会和你一起去店里，为你举行一个就职仪式，让大家知道你的新身份。好吗？”

张敏：“老板，我该怎么做呢？”

老板：“明天的就职仪式分为四步。咱俩这样配合……”老板就每个步骤详细地与张敏进行了沟通。

（点评：举行新店长就职仪式前，老板可以与店长模拟每个步骤，做到准备充分、发言到位。）

第二天晨会时间，老板将店员们召集到营业大厅，开始新店长就职仪式。

老板：“大家辛苦了。咱们店的张敏因为工作经验丰富、做事认真负责、销售能力强被大家一致推荐成新的店长。请大家用热烈的掌声欢迎新店长讲话。

（点评：新店长就职仪式第一步——老板说明店长被任命的原因，让店员心服口服。）

张敏：“谢谢大家对我的肯定和鼓励，今后，我除了会更好地做销售，还会多协助大家提升专卖店的业绩。我最大的优点是比较热心肠，大家有什么需要帮助的尽管找我，我一定全力帮助。我最大的缺点是讲话太直，有时候会得罪大家，先给大家赔个不是，这点我也会改进。请大家支持我，督导我，鼓励我。让我们一起把专卖店业绩做得更高，让老板发财，我们赚钱，大家开心工作！谢谢大家！”

张敏的演讲使店员们备受鼓舞，大家用热烈的掌声回应了她。

（点评：新店长就职仪式第二步——店长发表激情而简要的就职演说，首先表达对大家的感谢，然后提出对自己的要求，最后激发大家的工作热情。这将店长的角色放到了服务店员的位置，使店员更容易接纳新店长。）

老板：“咱们店里还来了一位新人——王晓惠。借这个机会让王晓惠讲两句。”

王晓惠：“谢谢老板，谢谢各位家人。我来这家店还不到一个月，却处处感受到家庭般的温暖。各位家人给我很多指导与提醒，我要真心感谢大家。特别要说的是张姐，张姐经常在下班后主动找我谈心，鼓励我做销售的信心，还教我产品知识，让我的业绩提升了不少。刚才听了张姐的发言，我对咱们店更有信心了。我一定会全力支持张姐把这家店做好，我相信大家也会和我一样。大家有没有信心？”

王晓惠真诚的发言，让店员们异常感动。大家整齐、响亮地回应：“有！”

（点评：新店长就职仪式第三步——店员代表发言，让有代表性的店员表态会支持店长的工作，并举例说明店长的人选的确是名至实归，这样的发言会令店员们增加对店长的认同。）

王晓惠发言完毕，张敏带着店员们同唱店歌，跳了店舞。大家在热烈的口号声中开始了一天的工作。

（点评：新店长就职仪式第四步——店长带领大家共唱店歌、共跳店舞，然后在激动与热情中开始一天的新工作。）

陈老师总结

上述方案，需要老板、店员的全力配合，其成功实施重在事先准备，以及店长的煽动性与表达能力。其实，店长确立自己地位的方法不止一种。除了上述正式沟通以外，还可以有非正式沟通的方式，比如下班以后请大家吃饭、K歌、周边旅游，在娱乐中表达自己的观点，鼓舞大家的信心。相信用心的店长总会建立自己在店员心目中的良好形象。

3

店长除了搞管理，还需要做销售吗?

这个问题要根据店面的经营规模来回答。如果店面面积在40平方米以内，人数在5人以内，则店长更多充当销售排头兵的角色，时间、精力的分配比例大致为30%的管理与70%的销售。如果专卖店规模大、人数多，店面面积超过60平方米，店内人数在6人以上，则店长的管理职能要加强，时间、精力分配比例大致为60%的管理与40%的销售。

很多店长是因为销售能力强而被提拔为店长的，店员们之所以佩服店长、对店长的管理心服口服，一个重要原因是店长在销售方面有过人之处。但如果店长只有销售技巧，而不具备管理技能，店员就会不服从管理。

实战演练

手机扫描二维码后，输入“DJCD01”，您将看到视频“当店长的误区你知道吗”。

管理之外也要做销售

“店长、店长，一店之长。既然当了店长，自然应该用更多时间去做管理工作。”赵芬自打当了店长以后，一直以这样的理念来要求自己。

不到两个月的时间，赵芬的行为被片区负责人王经理看在眼里。王经理和赵芬进行了交流。

王经理：“赵芬，当店长后感觉如何呀？”

赵芬：“经理，我觉得店长就应该和导购有所区别。”

王经理：“我认同你的观点。那么，你觉得是哪些地方有区别呢？”

赵芬：“我觉得导购主要是做销售，而店长更多的责任应该是分派工作和指挥店员干活儿。”

王经理：“昨天店里来了新货要上柜，事儿挺多的，你是怎么安排的呢？”

赵芬：“店里除了我就是两名导购——小李和小孙。我让小李上新货，让小孙做销售。”

王经理：“那你主要在做什么呢？”

赵芬：“我主要负责监督他们工作，看他们是否有偷懒。既然让我当了店长，我肯定要管理好他们嘛。”

王经理：“赵芬，店长监督店员工作没有错。不过，咱们店的规模并不大，人数也少，店长除了监督、辅导店员工作以外，也要承担一些销售与日常事务性工作。选你做店长，是因为你销售能力强，大家对你的专业知识与技能心服口服。而你做了店长以后，大家为什么持续地认同你呢？是因为你做事比他们更有经验，能给他们树立一个榜样。像昨天遇到新货上柜，需要陈列，而小李在陈列方面缺乏经验，陈列的效果并不理想，这样就会影响顾客的进店率。而在销售方面，小孙是新人，你让他一个人去冲销售，可能会出现顾客流失的情况。所以，昨天你应该和大家一起提早去店里，你先做个陈列示范，让小李、小孙照样实施，最后你做检查和修正；而销售黄金时间里，你要和小孙、小李一起冲销售，并借机教给他们销售技巧。这样，才能做到管理、销售两不误，大家才会更佩服你的能力。”

赵芬：“我懂了，王经理。我一定会发挥自己的强项，在工作细节中给大家做好示范与指导。”

王经理：“赵芬，我对你有信心！加油！”

陈老师总结

店长属于基层管理者，更多是起到示范和带头的作用。如果没有在具体的工作事务中（如销售业绩、商品陈列、VIP关系管理、库存管理等）给大家树立榜样，就很难让员工信服。店长在做管理的时候，请记住：店员之所以尊重你，是因为你的言行是标杆和榜样；而你之所以能批评店员，是因为你先做到位了，结果无可挑剔。高层做决策，中层做协调，基层做执行——每个层级都扮演好了自己的角色，企业才能正常运行。

④ 为什么当上店长后，店员们反而疏远我了？

当上店长之后你会发现，店员们对你的态度与评价将产生微妙的变化。店员们希望和你打成一片，又担心被你了解太多而对自己带来负面的影响；想和你保持距离，又担心自己在店长心里没有分量。于是，在店长与店员的沟通中，店员变得被动了。因此店长要学会“亲和力”与“权威感”兼具，并在度的把握上拿捏得当。

实战演练

店员为何疏远我

童晓在做导购时和店员们有说有笑，可是被提拔为店长以来的3个月里，童晓发觉店员们开始疏远自己，往日的欢笑气氛不复存在。今天的午饭时间，大家说笑着走开了，似乎故意把童晓晾在一边。下午的工作间隙里，童晓见两位店员躲在角落里“叽叽咕咕”，可她刚一靠近，两位店员就跑开了。童晓暗想：自己到底哪里做得不对，店员们要如此对待自己呢？于是，她开始主动寻找突破点。店里的导购王琦琦和童晓是同时进店的，私人感情要好于其他人。下晚班后，童晓主动约王琦琦留在了店里。

（点评：童晓发现问题后，不是逃避或正面冲突，而是寻找解决问题的方法，并主动与店员沟通，其积极的心态和正面解决问题的方式值得借鉴。）

童晓和王琦琦一块坐到休息区，童晓给王琦琦倒了杯水。

王琦琦：“童姐，有啥事呀？你这么客气，我有点不好意思呢。”

童晓：“琦琦，咱俩同时进店，彼此了解，都觉得对方是值得交心的人。自打我当上店长以后，也很少和你交流了，这是童姐做得不好。童姐今天有个事想请教你，你可得坦诚地为我指正。”

王琦琦：“童姐，快别这么说。啥事呢？”

童晓：“最近发现店里的员工总是疏远我。以前吃饭都会叫我，下班也会和我一块回家，店里有啥新鲜事儿也会主动和我分享。可是最近他们不大亲近我了。吃饭不叫我，下班也不拉着我一起走，议论啥事也避着我。你给童姐说句实话，童姐是不是哪里得罪了大家？童姐知道了一定改正。”

（点评：这些交流前的铺垫很到位，店长需要先放低身段，主动要求对方给自己指正。谦虚的态度是沟通中良好的开始。）

王琦琦：“童姐，其实我早就想跟你交流了。你做了店长以后，大家觉得，你没有以前那么容易亲近了。比如上次阿文迟到了，你不问青红皂白就罚了她50元，批评她做事不负责，其实阿文是因为家里有急事才迟到的，所以她很不服气。还有一次，阿黄的销售没有达标，你那天一直在责怪阿黄能力有问题。阿黄说，她已经努力了，但是那天天气不好，进店的人确实不多。你拿脸色给她看，结果她心里难受了很久。就说昨天早上开晨会吧，你一清早就批评大家工作热情没有对面门店的高，一个个没精打采像是泄了气的皮球。大家背后都说，昨天生意不好，一定是被你早上咒的。童姐，我说了这么多，希望你别介意。我知道，你刚做店长，一定会有压力的。”

童晓：“琦琦，谢谢你真诚的提醒。我刚做店长，压力确实很大。你知道公司今年目标定得高，对我也有期待。我心里的压力没有化解，就发泄到了伙伴身上。这的确是我做得不对。”

（点评：童晓能包容员工的批评，听得进意见，坦然地承认自己的问题，这是值得欣赏的。）

王琦琦：“童姐，你意识到就好了。其实我们还是很佩服你的。”

童晓：“琦琦，明天一早晨会时间，我会主动向大家承认错误的。以后我会主动亲近大家，不会再乱发脾气，也多关注大家的感受。明天中午，我请大家吃饭，给大家赔不是。不过，店里的规定还是要遵守，还要请大家理解我。”

王琦琦：“童姐，我相信大家能看到你的诚意。”

童晓：“感谢你，琦琦。”

（点评：童晓的优秀在于她不仅能诚恳地向店员认错，还能践行解决矛盾的方法。）

陈老师总结

“亲和力”与“权威感”是一对矛盾体，优秀的管理者能将二者运用得恰到好处。店长在面对员工私人问题、员工情绪问题时，要多展现亲和力，对员工多关心、倾听、理解，赢得员工的认同与接纳；而在面对目标、规范、流程等原则性问题时，则要坚守规定，决不留情，方能达成理解的目标。

店长保持亲和力的6个小方法：

1.清晨面对店员展开最亲切的笑容，并多说些鼓励的话。

2.面对讲话慢的店员，要适度放慢讲话的节奏。

3.倾听别人叙述悲伤事件时，要流露出同情的表情。

4.当店员苦干时，要拍拍店员的肩膀，诚恳地对他说：“辛苦了。”

5.当店员失败时，要鼓励店员说：“没关系，我相信你，下次会做好的。”

6.当别人叙述自身经历时，可以说：“我也……”比如，店员说“我感冒了，一周都没好呢”，店长可以回应：“我也有过这样的经历，当时十多天还没退烧。你去看医生了吗？”这样容易引起对方共鸣，使其很好地与你持续沟通。

店长建立权威感的6个小方法：

1. 说到做到。店长承诺过店员的话就一定要执行，不要言而无信。

2. 制度无情。店里的规定神圣不可侵犯，该奖的要奖，该罚的要罚，店长更不能带头违规犯错。

3. 挑战难关。对于一些高难度的任务，比如应对超挑剔的顾客、难以消化的存货，店长总能轻松应对。

4. 巧用身体语言。店长讲话时铿锵有力、抑扬顿挫、中气十足。

5. 把握底线。做人做事均有底线和原则，店长要让店员明白自己的管理底线是什么，店员一旦打破底线，后果非常严重。

6. 杀一儆百。店员若在重要的原则问题上犯错，店长绝不姑息，更不纵容，发现一次，立马处理，使店员们不敢再次犯错。

⑤ 店员有矛盾时，店长该如何化解冲突?

店长是店里的“矛盾聚集者”，处理店员间的矛盾、营造专卖店的和谐人际关系是店长应尽的职责，也是店长必须具备的重要能力。店长的管理能力也是在处理矛盾和问题中提升起来的，店长要把解决问题当成一次学习与成长的机会。

在解决矛盾之前，店长要明白店员产生矛盾的原因到底是什么，从而对症下药地化解。产生矛盾的原因包括误会、性格差异、资源有限、理解不同、文化差异、角度不一致、价值观不同等。为使矛盾双方能持续地友好合作，店长要积极推进事态良性发展、防止矛盾扩大，使矛盾双方有机会能开诚布公地交流，达成谅解。

实战演练

范莉莉的矛盾化解策略

某日，店长范莉莉来店接班，进店后便发现四位店员表情严肃。进店的顾客在店员们冷漠的对待中悻悻地离开了。准备下中班的店员孙红怒气冲天地拉着范莉莉来到店外，气急败坏地边骂边说要辞职。

范莉莉：“小孙，怎么啦？”

孙红：“店长，吴梅年龄不大，心眼倒挺多，才来店两个月就欺负到我头上来了。她居然抢我的VIP客户！王姐是我已经维护了大半年的大客户，这次到店来买衣服时，我刚好休息。吴梅跟王姐说，以后买衣服就找她，她比我更了解王姐的需求。这样下去，我的客户岂不都要被她抢光？”孙红一边说一边故意放大音量，好让店里的吴梅听见。

范莉莉：“小孙，你别激动。你不在店里，那么是谁告诉你这事的？”

孙红开始压低音量：“是店里的阿文告诉我的。吴梅仗着自己有经验，销售做得好，就没把别人放在眼里。前一段时间她还跟我们说，她本来是以前那家店的店长人选，要不是因为看着咱们店工资高一些，她就留在那家店当店长了。她说这番话是什么意思？”

范莉莉：“小孙，事情的原委我已经知道了。你的心情我理解，不过现在你有点太激动了，先回家休息吧。你就把这事交给我来处理，好吗？”

（点评：店长没有在营业场所扩大矛盾，而是将矛盾双方分开，控制事态的发展，处理得当。）

孙红气呼呼地离开了。范莉莉赶紧鼓舞了其他店员的销售热情。下班后，范莉莉将吴梅留下了。

（点评：店长在营业时间不处理矛盾以免影响销售，随时调整店员的情绪，鼓励店员的销售热情，再利用业余时间沟通与化解矛盾。）

范莉莉：“小吴，今天看得出，孙红对你有意见。我想听听你的说法。”

（点评：先倾听别人的想法，而不是把自己的评价强加在别人身上。）

吴梅：“店长，其实店里很多人看不惯孙红的。孙红因为在店里的时间长，就倚老卖老，不让别人接待客户。我来店的时间虽然不长，但销售做得好，她就嫉妒我，处处刁难我，觉得我抢了她的客户。”

范莉莉：“那VIP客户王姐的事儿，你说说，是咋回事呢？”

吴梅：“店长，那不是我的错。王姐来店时孙红不在，我才接待的。是王姐觉得我的服务更专业，主动提出要我以后为她服务的。那天王姐消费了八千多，孙红就嫉妒了。她服务王姐的时候，王姐的客单价从来没突破过三千元吧。”

范莉莉：“小吴，我认同你的专业能力，你做销售的确不错。但是专卖店的业绩是靠团队完成的，你需要学会配合他人。你服务王姐到位，我是相信的；王姐主动提出让你服务，我也相信。但是公司规定，谁发展了VIP客户就该对VIP客户有永久的提成权。作为一名职业化的导购，你应该按公司的规定，主动对王姐表明，说她还是孙红的客户，只有孙红不在的时候你才可以服务她的。试想一下，如果孙红也这样对待你的VIP客户，你会如何想呢?

（点评：店长先认同对方，再提出意见，yes…but…yes语言模式运用得不错。同时，让吴梅学会换位思考，站在别人的角度考虑问题。）

“我知道，孙红有她的问题，我也会主动和她沟通。不过，别人说孙红的不是时，你应该学会多听不说，避免把矛盾扩大。

（点评：指导小吴在面对矛盾时，要学会控制，不参与、不扩大。）

“你要学会融入团队，学会与他人友好相处。尤其是在遇到利益问题时，一定要遵守公司的规定。VIP王姐这事，我也不说谁对谁错，只当是你才来，还不太了解规定。小吴，如果你真想和大家和谐相处，明天我带着你去找孙红，把这事说开。你先主动给她承认错误，表示以后会友好相处。”

吴梅：“行，店长，我就按你说的做。”

（点评：店长要做到包容大度，不计前嫌，在指正店员问题的同时，给店员提供改善的方法。在矛盾中店长扮演的不是挑拨者的角色，而是化解者的角色。）

第二天中午，店长范莉莉带着吴梅找到了孙红，吴梅对孙红道了歉。

范莉莉：“孙红，你比吴梅早来店里，理当起到大姐姐的带头作用。以后，你对她还有啥意见，就直接和她好好说，不要影响店里其他店员的情绪。吴梅的销售做得好，大家可以公平PK，在PK中成长。孙红，我一向是看好你的。”

孙红的脸红了：“店长，我也有不对。那天我确实不该把情绪带到店里。”

范莉莉：“好啦，这事已经过去了。我会在明天的晨会上，再次提醒大家接待VIP的原则问题，让这类事情不再发生。以后，大家要一起努力冲销售，顺利实现年度目标！”

（点评：店长“逐个击破”，让冲突的店员们意识到了自己的问题所在，同时在批评中给予了鼓励和希望。就问题开诚布公地与店员交流，能有效地杜绝问题再次出现。）

陈老师总结

范莉莉作为矛盾的“聚焦者”，能控制事态的发展，使店员的关系没有进一步恶化，最终调和了双方的冲突，解决了店员间的人际问题。我们要学习范店长的冲突处理五步骤。

第一步：与冲突者沟通。学会与冲突的当事人主动沟通，倾听对方的感受。在倾听时不要事先假设，也不要胡乱猜测，要带着开放的心态去倾听。

第二步：分析与判断。要判断冲突产生的真实原因。是双方信息不对称而导致的误会吗？是资源有限而产生的分配不公吗？是大家因为对问题看法不同而产生的理解分歧吗？是价值观不一致导致观点和看法不同吗？是因为性格差异而产生的合作不愉快吗？搞清楚冲突产生的原因后，思考问题的根源与化解矛盾的方法。

第三步：找到解决问题的方法。与冲突者单独交流，先稳定冲突者的情绪，再分析产生矛盾的原因，并让冲突方学会换位思考，理解对方的情感与感受。

第四步：达成共识。将冲突者召集到一起开诚布公地交流，店长作为中间人调和关系，达成共识，可以让一方让步，也可以互利互惠。同时，对双方的问题进行分析与指正。

第五步：持续改善。店长思考问题产生的深层次原因，并对流程、制度进行改善，防止冲突的再次发生。

⑥ 我处处替店员着想，为何他们还对我有意见?

当你看到一个成年人思想的幼稚与行为的无能时，或许在他的背后，有一位非常能干或者强势的母亲。母亲在孩子的成长中总是亲力亲为，处处保护并代为执行、承担了太多责任。这是小孩自己的错，还是母亲教育的错？我们认为母亲要负主要责任。

管理也是同样的道理。如果在管理的过程中店长一味地迁就、迎合、保护员工，员工只会变得娇气、脆弱与无能。聪明的店长懂得“执行带头在前，授权、分派、辅导跟后”，使店员能在和店长相处的日子里获得成长。

实战演练

过分关爱店员有错吗

何欣是一家服装店的店长，之所以能成为店长，是因为她年龄较大，工作经验和社会阅历比其他同事丰富。她说自己很关爱店员，可店员却并不领情，希望我能给点儿建议。

何欣："陈老师，我觉得自己对店员真的很好。每天店里的清洁，我都带着大家做。一些高空的危险部分，我都亲自打扫，生怕店员做得不干净或者不安全。上新货的时候要加班，几个小姑娘家远，我就让她们象征性地做一点，然后提早回家。盘点的时候，库房货多，我都是亲自盘点，一来担心她们出错，二来担心她们累着。"

我："我感觉你更像是妈妈的角色。"

何欣："对，我也是这样认为。她们年纪还小，怕她们出错，也觉得自己应该多承担一些。上个月店里掉了两件货，得赔两千多元钱。我觉得她们年纪小，赚钱不容易，所以尽管老板批评了我，我也没有指责她们。这两千元，我罚了自己一千元，其余一千元让三个小姑娘每人承担三百多元。结果，她们不仅不感谢我，还去老板那里告状，说我管理混乱，掉货的事儿和她们无关，因为她们压根没管理过货品，这些事儿都是我一个人独揽的。我真的觉得憋屈！我平时这么照顾她们，处处维护她们，她们却这么不领情，掉货的事儿她们多少也有责任的，因为店里的货大家都在记录和销售。我没罚她们更多的钱已经对她们不薄了，结果却是这样……"

我："那发生这样的事情，你认为哪些是自己的责任呢？"

何欣："我觉得，可能是我对她们太好了吧。"

我："何欣，我知道你是一个善良的人。可是，善良的人有时候也会犯错误，你在工作中更像一位细心的妈妈，替宝宝做完所有的事情，生怕宝宝会跌倒。结果，你的宝宝们不但得不到心态和能力的成长，还习惯了向你索取，而没有学会承担责任。从今天开始，你需要换个角色来面对你的店员了。你不再是她们的妈妈，更不是她们的保姆。你应该是一位教官或是教练。你会的事情要教给她们做，并且让她们做得更出色。她们做错了，你要批评与指正。"

何欣："陈老师，我是担心她们出错呀。"

我："人大多是在跌倒中学会走路的。如果你不给她们犯错和为自己错误埋单的机会，她们就永远只是幼稚的小孩，而无法成长为职业化店员。成长，是需要代价的。"

何欣："陈老师，谢谢您，我明白了。我要好好调整心态，从反省自我开始。"

（点评：严师出高徒！作为店长来说，没有严格的要求，哪有店员的成长与进步呢？）

陈老师总结

店长不能只做让别人喜爱的领导，而要做让别人尊敬的领导。被人尊敬的领导要做到：有原则、有要求、有底线、有规范。"好好先生"的管理风格不是长久之计，只会让自己更累，让团队无法进步。

店长扮演"好好先生"的常见思维误区：

1.不想得罪员工，关系好了好办事。（店长失去了权威性。）

2.懒得要求别人，要求太多，店员会不高兴。（店长没有做事的底线，任由店员宰割。）

3.又不是自己的店，做那么好干吗？（缺乏责任心，没有老板心态与主人翁意识。）

4.万一员工去老板那里告我的"黑状"，我就吃不了兜着走了。（害怕承担责任，担心影响自己的形象。）

5.如果店员们不喜欢我了，日子就难过了。（只想做被喜欢的人，不想做被尊重的人。）

6.我能做的事就自己全做了吧，免得还要教他们做，太麻烦了。（没有辅导店员的意识、能力和耐心。）

7.别人没我做得好，交给别人做，我不放心呀！（自我感觉太好，舍不得放权。）

店长应当建立的6种辅导心态：

1.强将手下无弱兵，店员有能力说明店长管理有水平。

2.与其自己把所有事都做完，不如教给员工去做。

3.店员成长需要时间，得有耐心。

4.爱他就对他严格点！

5.优秀的员工是被"折磨"出来的！

6.做店员的"保姆""父母"，不如做他们的"教练"！

⑦

店员犯错理应受罚却不服气，店长如何应对?

每当涉及罚款这类事务时，店长们总是顾虑重重：罚员工，员工恨我；不罚员工，老板恨我。到底什么时候该就事论事地罚款？什么情况下情有可原？店长的内心要装着一把公平的尺子，随时衡量与判断；店长的内心也要装着一盏明灯，照亮正确的方向。

无情的制度、有情的管理，要拿捏得当还真难！工作过程中，原则是神圣不可侵犯的；实施管理时，还得体现管理的人性化。店长要学会将两者相结合，做到：道是无情却有情。

实战演练

到底该罚不该罚

何娟又躲在试衣间里偷着吃饼干，正吃得欢快，被店长徐萌萌抓了个正着。

徐萌萌：“按公司规定，上班时间偷吃东西，视情节轻重罚款20~100元。你不仅吃东西，还拒不承认，情节极其恶劣。这次按100元执行，而且不用在工资里扣，现在就把罚款交上来。”

何娟：“我有特殊情况。”

徐萌萌：“啥特殊情况？你中午没吃饭？”

何娟：“吃过了，但是……”

徐萌萌：“吃了，你还吃？一会儿把钱交给我，再写个深刻的检查给我。”

徐萌萌离开了试衣间，何娟一人在试衣间里吧嗒吧嗒掉眼泪。

晚上10点，徐萌萌回到家，手机响了，是老板打来的。

老板：“小徐，今天下班后，何娟到办公室找我，说她要离职，原因是你罚她款。”

徐萌萌：“老板，我罚她是有原因的，她在上班时间躲在试衣间里偷吃东西，被我发现还拒不认错，情节恶劣。”

老板：“小徐，你知道她吃东西的原因吗？”

徐萌萌：“老板，我问过了，她吃过中午饭了。这些小女生就是喜欢吃点零食什么的，上班没个规矩。我不杀一儆百，以后很难管理其他人。”

（点评：店长本想通过杀一儆百的强硬方式来提醒其他店员，没想到，在不知内情的状况下，事情被搞得更加复杂。）

老板：“小徐，何娟跟我说，她半个月前胃总是疼，医生说是有严重的胃炎，建议少吃多餐。下午时间如果胃又疼了，建议吃几块苏打饼干，可以缓解疼痛。她说，自己的确不该在试衣间里吃东西，也不该瞒着你，可你不问青红皂白就罚她最高金额的款，她不服气。”

（点评：当员工觉得已经无法与一位“强权”的管理者沟通时，再简单的矛盾都变得难以化解了。）

徐萌萌：“这小家伙，怎么不直接跟我说呢？”

老板：“小徐，你平时凶巴巴的，能怪人家躲着你吗？管理严格没错，制度无情，可是管理者是有情的。你真心地关心过他们吗？你是个讲原则的人，制度是死的，可人是活的，有些事还得具体情况具体分析吧。”

徐萌萌：“老板，这事是我处理得不好。我明天跟何娟说说，争取把她留下。”

（点评：讲原则没有错，可是店长如果只是一味地处罚，就太过无情，也未必有好的收效。店长的价值就体现在对错误进行判断，对员工行为实施引导，具体情况还要具体分析。）

第二天，徐萌萌找到何娟，拿出两包苏打饼干，对何娟说：“娟子，这次是徐姐做得不对。老板昨天告诉我你生病了。这是我给你买的饼干。昨天罚你，是想维护店里的规定。但是我不知道你的特殊情况。我向你认错了啊！”

（点评：徐萌萌主动寻找解决问题之道，认错在先，“饼干攻略”非常好用。）

何娟：“徐姐，我也有不对的地方。我不该瞒着你。”

徐萌萌：“我知道是因为你怕我，我平时对人凶了点，我以后多调整。”

（点评：店长能认识到自己的错误，坦然面对、主动改正是成熟的表现。）

何娟：“徐姐，我准备辞职也不全是因为你，我这种情况会经常被罚款的，我可经不起天天罚呀！”

徐萌萌：“这事儿我已经为你考虑好了，我有办法。我认识一位著名老中医，你休息的时候可以去找他看一下。胃病是需要长期调理的。另外，上班的时候，你如果饿了，就不要再到试衣间去吃饼干。可以换件上衣，把工号牌暂时取下来，到外面街心花园去吃几口，抓紧时间再回来。这样，既不影响咱们店的形象，又不影响你治病。你看这样安排合适不？”

（点评：徐萌萌的解决方式，既不影响纪律，又能解决员工的个人问题，做到了具体情况具体分析。）

何娟：“徐姐，你这么为我考虑，工作的事儿你放心，我会好好干的。”

（点评：店长在管理中以心换心、真心为店员考虑时，店员也会为店长考虑的。）

陈老师总结

徐店长最初的失败说明了什么？

1.店长过于强硬的管理方式不仅解决不了问题，还可能会使沟通变得更加复杂。

2.店长如果不善于倾听员工的真实感受，将永远无法让店员口服心服。

3.店长想杀一儆百解决问题，却选错了机会，招来了员工的记恨。

4.店长严格遵守制度是没有错的，但忽视了特殊情况，就起了反作用。

徐店长最终获得了想要的结果，说明了什么？

1.店长是人，不是神，难免会有失误，有错就改才是正道。

2.徐店长心态积极，遇到问题主动通过沟通解决，放下店长的面子向员工认错，向员工“示弱”，获得了店员的认同。

3.在原则与现实之间，徐店长找到了解决问题的方法，遵守了制度，也没有伤害员工的干劲儿，很好地解决了特殊问题。

店长正确认知罚款了吗？

1.罚款不是解决所有问题的灵丹妙药，它只是引导员工重视与遵守管理制度的手段而已，店长不要将罚款当成解决问题的唯一途径。

2.罚款一旦被店长滥用，后果将是店员恶劣行为的强烈反弹，店员会将对罚款的仇恨转为对店长甚至对公司的仇恨！

3.店长即使在罚款时，也要让员工清楚地知道自己错在哪里、为什么错、如何改正错误，以保证员工下次不会再错。

4.罚款的过程中也要尊重员工，不要说出伤员工自尊心的话。

5.“奖多罚少”才能将正面激励与负面激励运用到位，最大化地激励员工。

⑧

店员总是迟到希望店长通融，该怎么处理?

店员犯了原则性错误需要处罚时，是没有一点商量余地的。管理是包容，而非纵容。一扇窗户的玻璃碎了，如果没有人去修补，不久其他的窗户玻璃也会莫名其妙地被人打碎；一面墙如果出现一些涂鸦没有被清洗掉，很快墙上就会布满乱七八糟的东西；在一个很干净的地方，人们不好意思扔垃圾，但是一旦地上有垃圾出现，人们就会毫不犹豫地乱扔垃圾。

店长要想到，如果通融了这次，下次如何管理？如果通融了这位员工，下位员工犯错时如何处置？店长要建立管理的公平性，一碗水端平。

实战演练

总是迟到的阿柯

阿柯又缠着店长杜敏通融考勤的事儿了。阿柯是典型的“90后”员工，白天工作，晚上爱和朋友泡吧、K歌、通宵打游戏，生活极其没有规律。

阿柯：“敏姐，你行行好吧。我这个月已经迟到两回了，如果这次再算迟到，奖金就没了。我们小年轻儿也没啥积蓄，都等着存钱买房、买车、娶老婆的。现在别说买房了，吃饭都成问题呀。我平时都把您当成亲姐姐的。您可怜可怜我吧。我昨天晚上睡得晚，是因为我爸住院了，我妈身体不好，我不得不陪着他老人家。”

杜敏：“你就是嘴巴甜。你就不能自觉一点，别让我为难呀？”

阿柯信誓旦旦地拍着胸口：“敏姐，我向您发誓，下次绝对不敢了。如果再迟到，我就自己打自己嘴巴，我就自罚一个月的工资，给您买好吃的，行不？”说着阿柯还真打起了自己的嘴巴。

杜敏拗不过阿柯的甜言蜜语，心软了：“行，下不为例。下次再迟到，我可不轻饶你。”

杜敏以为这事儿就这么过去了。三天后，店里的王菁菁也迟到了。杜敏正要记录王菁菁迟到时，王菁菁发话了：“杜姐，真是同人不同命呀。为啥阿柯迟到三回您不记录，到我这里，头一回，您就拿我开刀呢？”

杜敏：“谁说我没记录？”

王菁菁冷笑道：“敏姐，他自个儿得意的时候说出来的，说你把他当亲弟弟一样罩着。”

杜敏：“他有特殊情况不是？”

王菁菁冷笑得更厉害了：“哈哈，敏姐，您真单纯。他有啥特殊情况？那天晚上，我们几个去吃火锅，他一高兴喝多了。他说他爸住院，您就信呀？”

杜敏：“是吗？真有这事？”

王菁菁：“杜姐，您可得一视同仁啊！昨天晚上我儿子生病输液，今天早上要先送儿子去外婆家，外婆家远，我才迟到的。你看这是我儿子生病的单据。您今天要是罚了我，我可不服！”

杜敏开始后悔当时对阿柯心软了。

陈老师总结

杜敏因为一时“心太软”，失去了管理中的权威性与公平性。

当权威感丧失时，店员就不会把店长看成管理者，而更多看成自己的熟人。熟人之间没有管理与被管理的关系，只有通融一下的便捷。因此，店长切不可将自己定位于店员的熟人。

在团队中失去公平性时，团队成员很难判断什么是善恶、好坏、对错，而只是凭着关系讲话，凭着人情办事，店长想要再维护“就事论事”的原则性就很难了。

店长管理团队时要一碗水端平，如果搞起了“另眼相看”的特殊化，就会造成员工间的差距感与隔阂。那些因通融关系而获得好处的员工，会大大地打击真正靠实力上位的员工的积极性。努力干实事的员工会认为：“既然可以靠关系上位，就不需要认真做事了，大家都去搞关系就行了。”

那么，店长该如何在专卖店里建立管理的公平感？

1.要想让员工遵守店里的规定，店长自己先要以身作则，做好表率。

2.要秉持“对事不对人”的处理原则，店员犯错时，店长要一视同仁，以相同的处罚方式对待，不能厚此薄彼。

3.店长自己犯了错，也要坦然接受批评与处罚，甚至还要加重对自己的处理，从而赢得更多的尊重与支持。

9

为什么我这个店长当得这么忙、这么累呢?

有的人忙忙碌碌终其一生，却一无所获，生命只有长度而没有宽度。在每一个清晨，你是否问过自己这3个问题：我今天要做哪些有价值的事情？我今天的目标是什么？我能为自己达成目标做些什么事情？夜晚入睡前，你是否反省在这一天里忙得是否有价值？是否抓住了做事的重点？明天的目标在哪里？如果不知所忙，不懂安排，没有规划，缺乏目标，生命就是一种浪费。

从清晨8点开门营业到晚上10点闭店，在14个小时的有限工作时间里，店员们到底做了多少对创造高业绩有价值的事情？又浪费了多少时间在闲聊和琐事上？而店长是否对自己的工作、生活、事业有所规划？

实战演练

忙碌的吴店长

吴昕是“爱美”服饰店的店长，为人勤奋，每天工作十几个小时，就算是休息日加班，她也毫无怨言，是别人眼中的好店长、好员工。但吴昕心里明白，她的忙碌有时是自欺欺人，多年下来，总觉得自己一事无成。在店长的岗位上工作差不多8年了，许多宏图大志、个人理想都不能付诸行动，她经常感叹：“没有时间啊！”

区域经理对吴昕说：“下个月总公司准备举办一次内部培训讲座，主要是对全国一百多家店的店员进行新品知识与销售技巧的培训。因为你销售能力和表达能力强，所以集团总部想让你来讲授。不过，总公司为了选拔出最好的讲师，也同时安排了5位店长在准备。5位店长会PK一下，胜出者将被提拔为总公司的培训主管。这次可是你升职和表现的好机会呀！”从经理办公室走出来，吴昕一脸兴奋。“不过，迟一些再说吧！反正时间还早呢！”

光阴似箭，直到PK前的最后一天，吴昕才惊觉要好好做准备了：“今天什么也不要处理，用一整天来准备应该是没有问题的。店里的事儿让其他人顶着。”上午9点，正当她准备静下心来想提纲的时候，专卖店来电话了，原来是顾客改的衣服尺码有误，需要店员去修改店再次确认尺码大小。为保险起见，吴昕亲自去了修改店。回到店里，已经11点了，吴昕把自己关进库房开始冥思苦想，刚想了两分钟，店员小红进来了：“店长，要命！一位客人来退货，偏说衣服质量有问题。小张已经和他吵开了，你快去看看。”吴昕径自来到大厅，将这位难缠的客人平静而愉悦地送走了。下午1点半了，匆匆吃过午饭，吴昕全力地准备着提纲，已经写了两个要点了，接下来讲什么呢？吴昕的手机响起，是总部的电话，总部的营销总监在电话里把培训的重要性反复做了详细的交代。电话结束，已经是下午3点。正好下班，还是回家再做吧。

回家路上堵车，到家已是5点。吃过晚饭，洗过澡，吴昕打开电脑开始敲字，网站上跳出的新闻吸引了吴昕，吴昕开始浏览网页，一看到明星八卦就忍不住多看了几页。后来她强迫自己关网页，写提纲，当想到第八条时，吴昕实在想不出什么好案例来说明问题。换换脑子吧，吴昕开始打开电视，一不留神就看到了12点。坐到电脑前，吴昕一脸愁容，又满脑子的倦意。先睡会吧，凌晨3点再起来写。

终于在闹钟声中惊醒。“啊，怎么已经是早上9点？”吴昕匆忙换好衣服，拿着稀稀拉拉的几页纸杀到了办公室。推开办公室大门已经是10点20分，集团总部的经理和片区经理已经准备好等待PK了。吴昕看到对面选手们个个拿着厚厚的稿件，心里对结果已经明白了几分。

PK结束后，经理对吴昕非常失望，吴昕的解释是：“经理，我太忙了，平时事情太多了。我下次再争取。”

机会是给那些有准备的人，像这样的好机会还会给吴昕吗？

陈老师总结

吴昕型忙碌店长的失误表现在：

1.不善于授权，没有花时间培养能力强的店员。所以，像处理难度大的投诉这样的事情，店长就只有亲自操刀。

2.做事拖拉、爱拖延。一个月的时间准备课件是完全足够的，而做事拖拉使她错失良机。

3.自我约束力差。关键时候还上网冲浪、看电视，在行为上不能自我约束与控制。

4.工作没有计划性。如果吴昕能将准备课程这件事做好计划，把一个月的时间进行有效的分配，就不会在最后一天手忙脚乱。

5.欠缺职业规划。吴昕虽然终日忙碌，却忙而无效，8年时间都没有从店长的岗位上得到更高的提升。表面上她是一位好店长，事实上她只是陷入眼前的事务中，对未来的职业发展与人生目标欠缺规划。

⑩

不想做老板的店长不是好店长吗？

不想做将军的士兵不是好士兵，但如果没有把士兵工作做好就天天想着做将军，这样的士兵连做士兵的资格也没有。

有的店长目标远大，希望有朝一日可以自己做老板，开店、开大店、开分店。有远大的目标是正确的，不过辉煌的背后都是一点一滴的积累。无论未来的路有多远，先从今天的小事做起，把每件小事做好，便是为明天打下基础。

而有的店长自身并不具备做老板的特质、能力、资源，却好高骛远、眼高手低。此时应当先调整好心态，然后寻找到一位可以追随的领导，扮演好自己的店长角色，依然可以成功。

实战演练

艾米的困惑

艾米曾经做过3年的店长，那3年里艾米一直有做老板的冲动，梦想自己可以经营一家服装店，卖的都是自己喜欢的服装款式，店里有固定的客户群体，店名就叫“艾米服装小屋”。3年后，艾米终于实现了理想，“艾米服装小屋”在期盼中诞生了。

虽然艾米对自己经营的服饰爱不释手，可服装店还是在经营不到半年后倒闭了。艾米因为经营资金短缺，无力再支撑一家店面，所以只能重新回到职场，在“多多爱”服装店做起了店长。

在“多多爱”时，艾米一直在思考为什么“多多爱”经营得那么好，而自己的店面却以失败告终。艾米认为自己管理店面的能力绝对没有问题，问题出在哪里呢？借一次培训的机会，艾米就她的困惑和我进行了交流。

我：“艾米，你是觉得自己想做老板的意愿很强烈呢，还是觉得自己的能力已经可以胜任当一家店面的老板呢？”

艾米：“我觉得自己想做老板的意愿是非常强烈的，但是能力也许有问题。”

我：“你觉得自己哪方面的能力有问题呢？”

艾米：“我就是没有想明白这一点。我觉得自己进的货品不错，店面的地段也好，可就是经营不善。”

我：“‘多多爱’经营得不错，你有分析过原因吗？”

艾米：“我觉得‘多多爱’的成功，是因为它经营的时间比较长吧。说实在的，我觉得它现在的老板还没我优秀呢。”

我：“艾米，其实我不用去分析你失败的原因和你现在老板成功的理由，就已经知道你失败在哪里了。”

艾米：“陈老师，在哪里？”

我：“你现在尚未具备成熟经营者的思维方式。当我问你自己失败的原因和‘多多爱’成功的原因时，你无法给我一个准确的答案。这说明，你对经营一家店面的核心成功要素还并不了解。你花了很多工夫在做一些无用功，就像做事没做到点子上一样。这可能是你失败的最主要原因。”

艾米：“陈老师，我要学习哪些经营方法呢？我想，我现在就是没钱，如果有钱，我一定可以再做老板的。”

我：“今天我们培训的主题是店长的角色与定位。我觉得，你应该先明确店长的角色与定位，在担任店长的过程中去感受店面的经营管理之道。一名成功的店长同样受人尊敬。在还没学会走之前，先不要急于想着跑。”

艾米：“陈老师，你说得对，老板常说我太浮躁。”

我：“艾米，我还想对你说，不是每一位好士兵都是做将军的材料。有的人在性格、能力、特质上非常适合做经营者，而有的人其性格、能力、特质等更适合做店长或导购。只要在自己的岗位上做到位，一样是有前途的。”

艾米：“陈老师，我是否要放弃自己当老板的梦想呢？”

我：“有梦想是好的，不过梦想都是脚踏实地一点一点做出来的。先把自己当下的事情做好，再给自己设定一个目标。我相信，在这个过程中，你可以发现自己想要什么以及能做到什么的。”

艾米：“谢谢陈老师，我会踏实做下去的。”

陈老师总结

艾米是一位有理想的店长，但理想不是天上的星星——只能看不能摘。一旦坚定理想后，还得从每天的小事踏实做起，一点一滴地积累并最终实现理想。

能把士兵工作做好的士兵同样是好士兵。每个人的人生理想、生活态度、事业追求、性格特质、能力特征不同，注定不是每个人都适合去驾驭他人、经营事业，成为一名成功的老板。如果你并非做老板的“料”，那就请找到一位有企图心、有责任心、有经营意识的老板，好好跟着他干！在他的身边你依然可以成就自我！

第二章 辅导店员，培养导购高手

想提升店面的整体业绩，除了要科学地制定和分解销售目标，店长还必须善于辅导店员，培养更多的导购高手，有效增加顾客的进店率、在店时间、试穿率、成交率、忠诚度等。

1

怎样科学制定专卖店的销售目标?

目标就像树上的苹果，采摘的人如果觉得苹果高不可攀就会失望地放弃；如果苹果满地都能唾手可得，采摘苹果的人就不会懂得珍惜，亦会变得懒惰。所以，设定合理的目标非常重要，而能够设定一个既科学又能激励人的目标，已成为管理者的必备能力。每年年初，专卖店都要制定全年的销售目标，并按月分解、考核、奖励。目标管理是专卖店管理的重中之重，会直接影响店员的工作激情和老板的利润。

实战演练

年末，“奥多芬”内衣专卖店的老板，分别请旗下3家店的店长制定新一年的专卖店销售目标。老板也想借此机会考查一下，哪家店的店长在目标制定上更加科学。

3家店的基本情况如下——

A店：40平方米，在繁华闹市的当街门面。加上店长，共有4位店员。客户主要以流动人口为主。经营时间3年，去年营业总额是102万元。

B店：45平方米，在几个成熟的大型社区中间。加上店长，共有3位店员。客户主要以小区居民、女性顾客为主。经营时间2年，去年营业总额是60万元。

C店：60平方米，在批发市场附近。加上店长，共有4位店员。客户主要是到批发市场采购、进货的散户和普通消费者。经营时间7年，去年营业总额是160万元。

3天后，店长们把业绩目标放到了老板的桌上。

A店店长制定的目标

A店新一年销售目标为204万元。目标确定理由：

1.希望新年利润能翻番，老板与员工的收益都能翻倍。

手机扫描二维码后，输入“DJCD02”，您将看到视频“最有效的销售方式——生活化销售”。

2.本店虽然营业额较高，但租金等经营成本也很高，租赁房屋的老板想把房租提高50%，所以销售目标自然要上涨。

3.本店经营基础较好，流动人口较多，再加上新一年该街道要修建成步行街，人流量会相应增加，故销售目标也应该有所增长。

B店店长制定的目标

B店新一年销售目标为60万元。目标确定理由：

1.本店周边的固定居民较多，但欠缺流动人口，所以人流量并不大，能维持去年的业绩目标已经很不错了。

2.两年的时间内虽然拥有了一些稳定客户，但这些客户已经买了文胸，她们没有频繁更换的意愿，所以要再次销售较难。

3.虽然几个社区有一定的居民数量，但小区的居民并非高收入群体，加上周边其他品牌竞争激烈，竞品价格较低，所以我们没有太多的竞争优势。

C店店长制定的目标

C店新一年销售目标为224万元。目标确定理由：

1.前年的利润提升率为25%，而今年我们以40%的利润提升率为前提，以去年的营业额160万元为基数，160+(160×40%)=224万元。

2.40%的业绩提升来源于如下理由：

（1）去年的固定批发采购客户占总体客户量的40%，上个月通过电话与这部分客户沟通后获悉，明年他们预计采购量较去年提升20%。通过我们对重点客户的跟进与协商，对他们加大一些物料的支持与促销的宣传，他们同意加大进货量。因此，我们初步估计采购量会提升30%左右。

（2）我们通过去年的观察发现，一些零售消费者希望在批发市场购买到既经济又质量好的文胸，每次购买时他们都会多采购几件，以便享受到更多的优惠，这部分消费者约占客户总量的40%。因此，我们决定在新一年采取价格促销策略，将库存的商品用于低价促销，在购买新品不打折的情况下，可6折购买库存货品。这种方法通过初步尝试效果很好，结合库存情况与新品价格，预计通过此方式可以将这部分客户的营业额提升35%左右。

（3）通过以上两项计算，新一年的营业额目标增长率应该在32.5%左右。但我们的目标设定值为40%，其原因是希望新一年里通过员工商品知识培训、重点客户关系维护、库存商品的促销活动（均另见附表），能使业绩得到更大的提升；同时，要让员工感受到目标既能接受又能通过努力达成，还能获得奖励，奖励方式参考去年2%的提成比例，建议对增长部分的提成比例提升至3%。

（4）鉴于我们往年对销售业绩的淡旺季分析。1—3月为淡季，完成指标的20%；4—6月为小旺季，完成指标的30%；7—9月为大旺季，完成指标的40%；10—12月为小淡季，完成指标的10%。在淡季时加强对员工的培训与考核。

看完3家店的目标设定后，老板陷入到深思中。作为店长，当你看到这3份销售目标后，有何感想呢？

陈老师总结

A店目标制定上存在哪些问题？

A店的地理位置较好，经营时间较长，理应有更高的业绩挑战，经营成本的加大，使得业绩提升更是迫在眉睫。A店制定的目标过于理想化，只看到了业绩翻番的希望，却没有看到可以翻番的理由。店长只报出了理想化的数字，却没有考虑员工是否可以达成，靠什么方式去达成，怎样将目标进行有效的分解等。如果此目标在专卖店中盲目推行，员工又不得其法，全靠平日销售的运气，那店员们只会在失望中度日，消极地对待目标。最后，目标只能是挂在墙上的数字。

B店目标制定上存在哪些问题？

B店经营时间不长，且地理位置受小区人数的限制，其业绩不如当街门店是非常正常的。对这样的店面，经营重点在于固定客户的深挖和周边新客户的开发。B店的目标设定比去年还低，主要原因是认为顾客不再重复消费，该开发的客户已经开发完毕。事实上B店员工在情绪上是在消极对待市场。店长在设定目标时，考虑的是维护店员的利益，却没有想到怎样去达成更高的业绩目标。如果按B店设定的目标去指导员工的行动，员工会更加消极被动。员工会认为：反正老板对我们要求也不高，我们不需要做得更好；市场本来就不好，也不是我们造成的，如果能超出业绩目标，一定是我们努力工作的结果，那我们就理应得到更多的奖励。在恶性循环下，业绩不好理所当然。

C店制定的目标相对来说是比较科学的，体现在如下几个方面。

1.可量化：C店的目标制定依据可以量化，224万元是实实在在计算出来的。

2.具体化：C店的目标是基于对客户群体进行分类得来的，每部分的客户都有其来源与提升比例的参考。

3.时间性：目标时间明确到每一季，员工能通过完成分段的小目标而最终达成大目标。

4.可达成：此目标对以往的经验进行了数据化分析，并且有达成目标的方法引导，现实中可以执行，因此更能达到激励员工的作用。

5.奖励性：员工能从组织目标的实现中感受到个人收益的增加。将个人收益与团队业绩相结合，能更好地激发员工的干劲儿。

②

专卖店全年的销售目标该如何分解？

如果我们每天只盯着专卖店的全年目标，就会觉得这个数字庞大且没有激励性；如果我们懂得将终极目标进行分解，细化到每一季度、每一月、每一周、每一天，甚至每一项工作中，我们就会清楚地知道眼下应该做什么、不该做什么了。善于分解专卖店的全年销售目标，是店长指导和激励员工的一项重要能力。

实战演练

全年目标精细化分解

钱店长对钱和数字非常敏感，他的专卖店在其数据化管理下业绩稳步上升。钱店长将专卖店全年销售目标分解到每一周、每一天，每个店员的心目中都有一个明确的目标。下面介绍一下他的全年目标分解方法。

通过科学的量化分析，全年的营业额为200万元。钱店长将200万元的目标首先分解到了每个月中。根据前两年的每月销售业绩比例，分派每月的金额。

先看看挂在专卖店墙上的一张全年目标分解表。

全年目标分解表

单位：万元

月份	1	2	3	4	5	6	7	8	9	10	11	12	统计
底线目标	20	10	10	10	20	10	10	10	20	30	20	30	200
努力目标	24	12	12	12	24	12	12	12	24	36	24	36	240
占全年的比例	10%	5%	5%	5%	10%	5%	5%	5%	10%	15%	10%	15%	
备注	★	□	⊙	⊙	★	□	⊙	⊙	★	★	★	★	

说明：★代表旺季主抓销售月份，⊙代表淡季主抓学习月份，□代表淡旺季转化主抓心态调整与纪律规范月份。“底线目标”为全力以赴必须达成的销售目标，“努力目标”为通过拼搏达成的理想目标。若全年达成“努力目标”，则公司除正常的业绩奖励外，另奖励店员年终奖金3000元、双飞北京5日游。

钱店长不仅制定了每月的目标，还制定了每天的销售目标。我们以9月份为例，来看看钱店长的月度目标分解方式。

我们的底线目标是20万元，我们的努力目标是24万元！

9月份：周一至周四一共有17天，周五一共有5天，周六一共有4天，周日一共有4天，合计30天。

按30天计算，平均每天的营业额约等于6667元，但每天的销售情况会因为天气、节假日和周末而变化。根据往年的每天营业额增长比例，周六、周日最高，周五较高，周一至周四相对较低。因此，一周的营业额比例如下：

以底线目标来看，周一至周四，每天完成平均指标的80%；周五完成平均指标的120%；周六、周日完成平均指标的160%。若遇节假日，则提升比例。

9月份销售目标分解表

单位：元

	周一至周四	周五	周六	周日	统计（周目标）	备注
底线目标	5334	8000	10668	10668	50672	
努力目标	6401	9600	12802	12802	60808	

陈老师总结

钱店长的月目标分解优点：

1.将目标可视化，使员工时时清楚自己的方向在哪里。

2.每月目标分解的数字有理有据，结合往年的销售业绩比率，计算出了每个月可操作的销售目标。

3.不仅有销售目标，还根据淡、旺季进行了重点分工。旺季抓业绩、淡季抓学习、淡旺季的转化月份抓心态与纪律，张弛有度，使店员的心态、能力、业绩良性发展。

4.将目标分为底线目标和努力目标，并对努力目标提出了额外的奖励方式，使店员能时时保持超越目标的动力。

钱店长的月、周、日目标分解优点：

1.目标的再次分解已经将月度目标细化到了每周、每天，此表格能让店员明确每一天的销售目标值分别是多少。

2.目标的分配并非是盲目的平均分派，而是以周一至周日不同的营业情况和往年每天的销售比例为参考进行细分。

你可以运用以上计算方式与表格来计算，新一年里你的专卖店每月、每周、每天的营业目标分别是多少。

店长一定要学会算账，不会算经营账的店长只能盲目地指导导购工作。而学会算账的第一步就是确定经营目标与分解经营目标。

③

怎样用分解后的目标来激励店员?

宏大的目标能引领我们奔向胜利的方向，但过于宏大的目标难免让人心生畏惧。而把目标清晰地分解成小目标后，小目标的激励作用就显现了，当店员实现了一个小目标的时候，就能得到及时的正面激励，这对于培养店员挑战目标的信心有非常巨大的作用！

无论多么高的山峰，都需要一步一个脚印地去攀登；同样，无论多么宏大的目标，都需要一步一步地去完成。因此，既要重视目标的科学化制定，也要重视在目标实施过程中关于人的因素。如果目标是科学的，人的主观能动性也被激发起来，那么销售团队的力量就如虎添翼了。

店长把目标制定出来以后，怎样才能让店员重视目标，并养成良好的习惯达成目标呢？

实战演练

前面提到，钱店长已经对全年目标进行了分解，现在他最关心的问题是如何让店员们重视目标、关心目标、积极地实施目标。我们看看钱店长都做了哪些努力，将目标既明确又潜移默化地灌输给店员。

片段一：晨会上的目标激励

一日之计在于晨，好的开始等于成功了一半。所以，钱店长非常重视晨会中对店员的目标激励。下面是钱店长在晨会中的一段话：“我非常高兴地告诉大家，昨天我们店的销售目标是5334元。经统计，我们的销售结果是6000元。让我们为这个好成绩而鼓掌！（掌声）……不过，这个业绩离我们的努力目标还相差401元。因此，我们不要骄傲。大家大声地告诉我，有没有信心在今天达成努力目标？”“有！”店员热情地回应着钱店长。

钱店长继续发言：“好，有信心就是好的基础。不过，我们也要掌握方法。我昨天观察到大家在卖力地推荐换季产品。换季产品的价格较低，推销起来更加容易，但换季产品单价低，尽管成交量高，但营业额低。新款虽然价格高、没有折扣，但收益高、提成也高。所以，我们今天要想突破销售目标，除了推销换季品以外，还要多介绍新款。现在正是新品推进的好时机。下面我给大家培训一下，几款上市新品的销售话术……”

培训结束后，钱店长再次鼓动大家：“请大家再次回应我，今天的底线目标是多少？”店员们响亮地回应：“5334！”“今天的努力目标是多少？”店员们响亮地回应：“6401！”“请大家为我们的目标再次鼓掌！”

在热烈的氛围中，一天的销售工作开始。

（点评：钱店长在晨会中让大家清楚地知道一天的销售目标是多少，做到心中有数；同时，还让店员们发现了目标差距的原因在哪里，进而找到提升业绩的具体解决方法。其在组织晨会的过程中还充满激情与煽动性，使整个氛围深深地感染了店员。）

片段二：店员间的PK与互动

钱店长为了充分调动店员的积极性，将店员分成两个小组——团结队和太阳队，进行每周的业绩PK，并将每周的结果公布在PK榜上。我们来看看钱店长的PK榜吧。

专卖店业绩团队PK表（9月）

<table>
<tr><th>日期</th><th>团队</th><th>业绩</th><th>是否达标</th><th>周冠军</th><th>奖励</th><th>月冠军</th><th>奖励</th></tr>
<tr><td rowspan="2">第一周</td><td>团结队</td><td>50000</td><td>✓</td><td>★</td><td>团队100元</td><td>太阳队</td><td rowspan="8">太阳队团队集体照片张贴；
团队奖励每人电影票2张；
团队奖金500元。</td></tr>
<tr><td>太阳队</td><td>49000</td><td>×</td><td></td><td></td><td></td></tr>
<tr><td rowspan="2">第二周</td><td>团结队</td><td>60000</td><td>✓</td><td></td><td></td><td></td></tr>
<tr><td>太阳队</td><td>64000</td><td>✓</td><td>★</td><td>团队100元</td><td></td></tr>
<tr><td rowspan="2">第三周</td><td>团结队</td><td>70000</td><td>✓</td><td>★</td><td>团队100元</td><td></td></tr>
<tr><td>太阳队</td><td>69000</td><td>✓</td><td></td><td></td><td></td></tr>
<tr><td rowspan="2">第四周</td><td>团结队</td><td>58000</td><td>✓</td><td></td><td></td><td></td></tr>
<tr><td>太阳队</td><td>60000</td><td>✓</td><td>★</td><td>团队100元</td><td></td></tr>
</table>

钱店长每周、每月都要更新这张表格，并将此表格张贴在专卖店内店员喝水、休息的必经之路上。钱店长经常看到店员们聚在这里，议论哪周又获得奖励了，哪天因为哪个业务失误而影响了业绩，如何如何遗憾。当店员们在关注、在比较、在暗自较劲时，钱店长内心充满成就感。因为他知道，店员们对目标已经非常重视了。

（点评：钱店长通过团队PK方式，不仅激发了店员们的销售热情，还激发了店员们的团队意识与团队荣誉感。表格中的奖励，不仅有精神奖励也有物质奖励，物质奖励的方式还是多元化的，充分调动了店员们的积极性。）

陈老师总结

让店员重视目标，可以贯穿在工作的每一个细节当中。钱店长之所以成功，是因为他将团队的目标与店员个人的目标紧密地结合在一起。《西游记》里，唐僧之所以调动了徒弟的取经热情，是因为徒弟们在求取真经的过程中也获得了自我的成就。徒弟们明白，跟着师父干有前途。那么作为店长，你的店员们跟着你有前途、有“钱途”吗？

④

哪些因素会影响专卖店的销售业绩?

当专卖店销售业绩好的时候，老板、店长、店员们可能不会去深究业绩好的原因，而是埋头赶路，巴不得多一点时间做销售。而当业绩难以增长或是一落千丈时，老板、店员们才开始苦苦寻找业绩不佳的原因。

磨刀不误砍柴工，如果能探寻出影响业绩的原因究竟有哪些，在这些因素上下工夫，专卖店的业绩一定能稳步上升的。

实战演练

“爱文芬”的销售业绩影响因素分析

王总在城中心投资的一家四十几平方米的“爱文芬”家居服店面，7—9月销售业绩持续下滑，王总布置任务下去，必须寻找到业绩下滑的原因，任务交由乔店长带领三位店员完成。

两天以后，乔店长将分析报告交到王总手中。

“爱文芬”家居服城中心店7—9月业绩持续下滑有如下原因。

1.天气原因：7—9月，正逢雨季，减少了顾客流量，导致顾客进店不多。

2.修路原因：今年2—6月，周边的通路一直在整修。虽然现在路已经修好了，但顾客已经习惯性地改变了行走方向。

3.价格原因：今年的货品价格涨幅较大，顾客都说“东西贵了”。

4.竞争原因：临近的竞争对手经常打折促销，而我们的货品从不打折。

5.款式原因：顾客经常说我们的货品色彩太花，不适合他们。

建议改进方法：

1.降低销售目标，以适应现在的市场情况。

2.多搞打折活动，让消费者觉得我们的产品还是有价格优势的。

3.多向厂家调一些色彩单一的货品，以满足不同顾客的需求。

王总看完这份报告，气就不打一处来。他认为店长和店员们找了一大堆借口来证明，销售业绩不好，跟他们自己并无关系，而且所给出的改进方法根本无法操作。一方面，厂家给出的产品价格是固定的，根本不可能随意打折，否则会影响品牌的形象与定位。另一方面，“爱文芬”的款式一直是花样百出，不可能调整为单一色彩。王总其实心里非常明白，相同的店面面积、差不多价位的竞品在这条街区销售是非常理想的，所以天气和修路根本不是什么主要原因。那么自己这家店为何业绩下滑呢？

10月份，王总前往“爱文芬”公司总部开订货会时，听了我两天一夜的加盟商业绩提升的培训课程后，茅塞顿开。他将所学内容消化后，就回去给他的店长、店员们上了一课。

哪些因素会影响店面的销售业绩呢？

高营业额=高人流量+高客流量+进店率+靠柜率+试穿率+成交率+客单价+回头率+介绍率

王总开始逐一解释与分析：

我们的店面外有高人流量，但人流量不等于客流量。火车站的人流很多，可并非是我们的准客户。我们店位居于城中心，大多客流都是逛街购物的。所以，人流和客流并非我们的主要问题。

光有客流也不行，顾客必须进店才行。如果进店的客人多，成交的机会就大大提高。因此，我们要考虑的是怎样提高准客户的进店率。

进店以后，顾客可能逛着逛着就离开了，根本没有靠柜来接触我们的商品。因此，我们要提高的另一个指标就是靠柜率。

顾客虽然可以靠柜，但如果不试穿或试用，也会放弃对我们商品的选择。接下来，我们要考虑的是怎样提高顾客的试穿率。试穿率一旦提高，成交的可能性就非常大了。

有的商品虽然试穿率高，但是每次试穿后，顾客是否有所购买？而且购买的金额有高有低，所以，高成交率和高客单价是同样重要的。

当这一切都做到位以后，大家可以数数，自己手上有多少个VIP客户。他们回头率高吗？开发一个新客户的成本是老客户的六倍，如果能把握好老客户，老客户会创造更高的价值，并能成为专卖店的义务宣传员。所以，问问自己，顾客的回头率有多少？顾客的转介绍率又有多高呢？

王总的培训令店员们备受启发。借着这股势头，王总让店长与店员重新分析如何提升专卖店的销售业绩，并给店长提供了我所教授的店面业绩提升细化指标与管理工具。

陈老师总结

我与终端店店长沟通业绩提升困难的原因时，一部分店长给我的客观理由的确让人无语："陈老师，我们这里天气不好，逛街的人不多。""我们这里的人都特别小气，舍不得花钱。""我们这里的人只喜欢买打折品，原价的他们都不接受。""我们这里根本没有客人进店，顾客进店后看看就走了。""东西太贵，顾客根本接受不了。""顾客说我们的东西不好看。"其实，面对相同的问题，我们同样可以看到销售做得好的店和店员。他们的成功也并非偶然。与其花时间去寻找客观理由，不如用科学的方法来提升店面的销售业绩。

高营业额=高人流量+高客流量+进店率+靠柜率+试穿率+成交率+客单价+回头率+介绍率

请先用这个工具来比对一下，自己的店面销售业绩不好，到底问题出在哪里。接下来，我们会一一介绍，如何提高这些重要指标。

⑤ 哪些因素可以影响进店率？

人流量和客流量取决于专卖店选址，这通常已经由老板决定了，无可更改。店长要解决的问题就是如何提高进店率了。

曾经见过一家店面用大大的红字写着“高档服装，10元起”。顾客满怀希望走进店内询问导购：“哪堆儿是10元的呀？”导购：“不好意思啊，已经抢完了。您看看其他的吧。”顾客既然已经进来了，就索性看看吧。这种方式就是在增加进店率，但是风险太大，难免让顾客心生反感。步行街里的店面经常会有类似广播：“好消息！好消息！我厂已倒闭，全部商品，特价出清！”这也是一种增加进店率的方法，不过此种方式破坏的是品牌影响力。

对于专卖店来说，有哪些方法可以提升顾客的进店率呢？下面我们来看看乔店长的思路吧。

实战演练

乔店长的分析报告分为8个部分，我们先来看看她对于进店率的反思。

关于顾客进店率的思考与改善建议

根据本周的统计，我们将“爱多芬”城中心店的进店人数情况统计如下（以下表格数字均四舍五入）：

“爱多芬”进店人数统计表

<table>
<tr><th></th><th>时间段</th><th>人流量</th><th>进店人数</th><th>进店率</th><th>平均在店时间</th><th>当班店员</th></tr>
<tr><td rowspan="6">周一</td><td>10：00—11：00</td><td>45</td><td>6</td><td>13%</td><td>8分钟</td><td rowspan="2">张红
王敏</td></tr>
<tr><td>11：00—13：00</td><td>102</td><td>14</td><td>14%</td><td>20分钟</td></tr>
<tr><td>13：00—16：00</td><td>142</td><td>28</td><td>20%</td><td>25分钟</td><td>张红
王敏
乔慧
李姝</td></tr>
<tr><td>16：00—18：00</td><td>85</td><td>15</td><td>18%</td><td>25分钟</td><td rowspan="3">乔慧
李姝</td></tr>
<tr><td>18：00—20：30</td><td>165</td><td>45</td><td>27%</td><td>30分钟</td></tr>
<tr><td>20：00—21：30</td><td>110</td><td>20</td><td>18%</td><td>20分钟</td></tr>
</table>

（周二至周日记录略）

街对面的竞争品牌“××乐”进店人数统计表

<table>
<tr><th></th><th>时间段</th><th>人流量</th><th>进店人数</th><th>进店率</th><th>平均在店时间</th><th>当班店员</th></tr>
<tr><td rowspan="6">周一</td><td>10：00—11：00</td><td>45</td><td>15</td><td>33%</td><td>12分钟</td><td rowspan="6">每班共两名店员</td></tr>
<tr><td>11：00—13：00</td><td>102</td><td>28</td><td>27%</td><td>25分钟</td></tr>
<tr><td>13：00—16：00</td><td>142</td><td>42</td><td>30%</td><td>40分钟</td></tr>
<tr><td>16：00—18：00</td><td>85</td><td>32</td><td>38%</td><td>40分钟</td></tr>
<tr><td>18：00—20：30</td><td>165</td><td>60</td><td>36%</td><td>30分钟</td></tr>
<tr><td>20：00—21：30</td><td>110</td><td>28</td><td>25%</td><td>35分钟</td></tr>
</table>

（周二至周日记录略）

通过一周的观察与记录，我们计算出如下平均数。

“爱多芬”一周平均进店率

	时间段	人流量	进店人数	进店率	平均在店时间
一周平均数	10：00—11：00	48	9	18%	12分钟
	11：00—13：00	120	20	17%	26分钟
	13：00—16：00	152	35	23%	30分钟
	16：00—18：00	100	24	24%	30分钟
	18：00—20：30	185	60	32%	40分钟
	20：00—21：30	135	32	24%	28分钟

（周二至周日记录略）

街对面的竞争品牌“××乐”一周平均进店率

	时间段	人流量	进店人数	进店率	平均在店时间
一周平均数	10：00—11：00	48	24	50%	20分钟
	11：00—13：00	120	36	30%	36分钟
	13：00—16：00	152	50	33%	45分钟
	16：00—18：00	100	42	42%	45分钟
	18：00—20：30	185	76	41%	32分钟
	20：00—21：30	135	48	36%	38分钟

“爱多芬”与“××乐”地理位置相近，同属一条街，其经营品类相同、价格接近，品牌定位均属同一档次，所以非常具有可比性。通过数据分析，我们得出如下结论：

1.每天的相同时段，两店的进店率相比，“爱多芬”要比竞争对手“××乐”平均低16%，说明“爱多芬”的进店率并没有达到最佳的状态，仍有上升空间。

2.每天的相同时段，两店的进店顾客在店时间相比，“爱多芬”要比竞争对手“××乐”平均低23%，证明“爱多芬”的顾客在店停留时间相对较短，也有深挖的空间。

3.从人流量与进店率来看，每天的黄金销售时间为13：00—16：00和18：00—21：00，主力群体为逛街的女性顾客；客流较少的时间为10：00—

11：00及21：00—21：30，这两个时间段可以用来上货、清洁、检查与整理。

4.通过与竞争对手“××乐”的比对，我们认为要增加进店率，可以从以下几个方面考虑：

（1）增加橱窗，通过橱窗内季节性货品的陈列调整，吸引顾客的眼球。

（2）增强门头的灯光，尤其在夜间有吸引顾客的作用。

（3）悬挂横幅，有促销活动的时候，通过拉横幅提示顾客。

（4）增加店内音乐，使顾客心情舒畅，增加在店时间。

（5）导购热情招呼顾客，使顾客有继续了解商品的意愿。

陈老师总结

乔店长运用相关表格进行了数据的收集，成为终端不可多得的背景资料。这样就可以进行全年不同月份的比较或是不同年份的相同月份比较，有针对性地找到业绩不好的原因。除了乔店长所提到的影响进店率的因素，我们还总结了如下因素，供店长们参考。

进店率=店名+门头+侧招+地台+橱窗

1.有吸引力的店名具备如下特点：

（1）简单明了，朗朗上口，顾客一看就知道在销售什么。

（2）具有差异性，容易记忆。

利用门头侧面，吸引不同方向进店的顾客
醒目的门头形象
品牌定位清晰标识产品类别，顾客一目了然

（3）和销售的产品有关联性。

（4）容易与消费需求产生共鸣。

2. 吸引眼球的门头具备如下特点：

（1）白天、晚上效果都很醒目。

（2）色彩纯正，构图干净利落。

（3）视野开阔，无视线障碍物。

（4）门头长、宽、高比例合理。

（5）符合售卖产品的调性。

（6）日常维护干净整洁。

夜间门头灯光的运用使门店更为醒目，门头内容简单、直接，使顾客能清晰认知

3. 吸引目光的侧招具备如下特点：

（1）安装于主橱窗同边，不碰人的高度。

（2）视野开阔，无障碍物。

（3）图形优美，具有差异化。

（4）接口紧密，无电线外露，日常维护干净整洁。

（5）所使用的材料要经得起暴晒、大雨、台风等。

侧招具备差异化、突出品牌特征，干净、整洁，夜晚尤为醒目

4. 地台的标准：

（1）路面宽敞，视野开阔，无高低不平。

（2）路面地砖无破损，禁止出现不同颜色地砖。

（3）卫生整洁，无垃圾杂物。

路面宽敞，视野开阔，无高低不平，地砖无破损，颜色一致，店内卫生整洁，无垃圾杂物

5. 随新品与季节变化的橱窗具备如下特点：

（1）橱窗长、宽、高比例合理。

（2）主题鲜明、统一。

（3）模特风格统一。

（4）陈列产品的色系、风格统一。

（5）橱窗不能有非陈列性物品。

（6）在不同的节假日定期进行主题更换。

（7）橱窗玻璃保持干净整洁。

产品色彩风格一致，
模特风格统一

橱窗主题鲜明，表达在“樱花林中”享受美景，并展示自我的魅力

粉红的浪漫樱花，体现春的气息，非常有季节感

⑥

怎样增加顾客在店内的停留时间？

如果顾客能在店里多停留一分钟，就能多增加一次购买机会，从而提升营业额。商家们绞尽脑汁想出花样百出的方法，例如抽奖、游戏、免费体验、赠品等，以便增加人气，形成热销氛围，提升销量。

我喜欢逛宜家家居店。每次去都会被里面迷宫一样的道路搞得晕头转向。起初以为他们的设计有问题，后来与他们的员工交流后，才发现原来里面大有文章。宜家迷宫式的商场布局其实是一种“心理武器”，在尽可能长时间留住顾客的同时还从心理上迫使消费者进行冲动消费，购买更多的商品。迷宫式的线路令顾客很难找回头找走过的路，因此顾客在看到称心的商品时，就会放进购物车里，以免错过后再也找不到了，大量冲动消费也随之而来，如灯泡、煲锅等一些原本不想买的东西也被放入购物车中。

那么对于专卖店来说，有哪些方式可以让顾客停下匆匆的脚步呢？让我们继续看看乔店长的方法吧。

实战演练

关于顾客在店时间的思考与改善建议

按照王总提供的客户在店时间影响因素的公式，“顾客在店时间=整体装潢+形象道具+卖场动线+商品陈列+POP陈列+着装迎宾”，我们对照自身发现存在如下问题。

1.整体装潢：我们店的门头与店内风格并不统一，门头色彩太过暗淡，晚上几乎就消失在顾客的视野中。所以，门头风格应调整为喜庆、显眼的色彩，建议正红色或桃红色。

2.形象道具：我们店里的色彩感太过冷淡，布置又太过简单，欠缺形象道具，整体无法激发顾客的购买冲动。建议在店里增加形象道具，如家居装饰品、品牌广告画、赠品展示栏等。

3.卖场动线：我们的卖场虽然不大，但是主通道只有一条，两边又正对着开门，顾客很容易把我们的店当成过路的通路，进来后直接出去了，无法形成客流量。建议重新调整通路设计。

4.商品陈列：我们店陈列的最大问题是，顾客在进店前可以看到的店内黄金位置，陈列的却是我们的过季品，而并非主打商品和畅销商品，所以顾客很容易就流失了。

5.POP陈列：我们店里基本没有设置吊旗、插卡、宣传画这类小道具，无法对我们当季的新品进行无声的推广与促销。所以，建议增加与当季产品卖点相对应的吊旗、插卡、宣传画等小道具。

6.着装迎宾：我们的导购并没有化淡妆，工作服也容易出现不整洁的情况，对此我们会自行改进与调整。同时，我们重新设计了迎宾语，把以前的“您好，欢迎光临爱多芬，请随便看”改为“您好，欢迎光临爱多芬家居服馆，请问您是看单件还是套装”。我们觉得后面这句问候语更能引导顾客消费。

陈老师总结

乔店长按照我所提供的公式，发现了自己店中顾客停留时间短的原因，并进行了有针对性的改进。请各位店长也参照此法，改善一下自己的专卖店吧。

我们来看一些成功店面的案例。

顾客在店时间=整体装潢+形象道具+卖场动线+商品陈列+POP陈列+着装迎宾

1.整体装潢标准：

（1）层高高度合理，无压抑感。

（2）风格统一，与门头一致。

（3）光线明亮，无暗区。

（4）天花板及地面无破损。

（5）面积允许的情况下天花板要特殊造型。

（6）没有与品牌风格相冲突的各种用品。

店内整体装潢风格与品牌调性一致，通过装潢、道具体现出品牌中国风与时尚相结合的元素

2. 形象道具标准：

（1）各类形象道具风格统一。

（2）各类形象道具色系不冲突。

（3）维护好形象道具的照明。

（4）各类形象道具无破损。

（5）形象道具应该有层次感。

挂钩设计很生动

灯光布局突出产品特色，小道具以布偶为主，给顾客温馨、可爱的感觉

以连带销售的方式陈列、购家居服再配上家居鞋、小袜

增加品牌氛围感，同时展示新产品

体现家文化道具相框

3. 卖场动线标准：

（1）主通道最窄应控制在70~80cm，标准为90~120cm，最宽为120cm。

（2）副通道最窄应控制在50~65cm，标准为80~100cm，最宽为110cm。

（3）面积在30平方米以上的店面，入口处保持宽广。

（4）动线设计不要形成死角、死胡同。

4. 商品陈列标准：

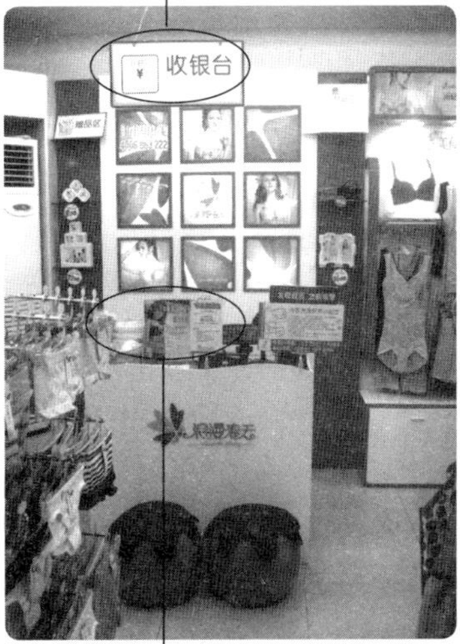

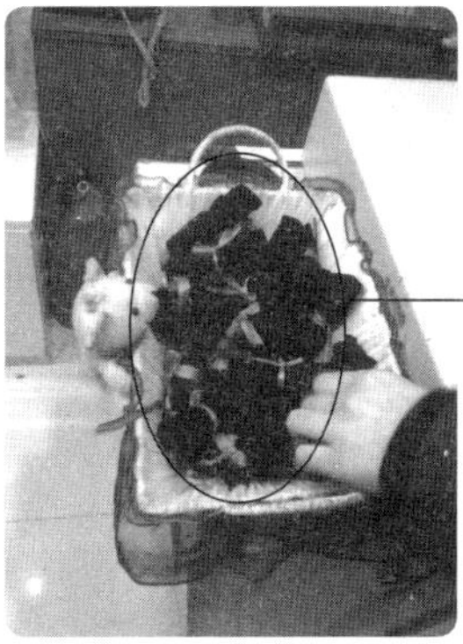

（1）流水台陈列应该色彩鲜明夺目。

（2）各类内衣陈列应该成色系、成系列。

（3）应定期将店面所有产品调换位置。

（4）收银台附近适于陈列特价品及“找零”产品。

色彩鲜艳夺目
无错乱搭配现象，内衣成色系列搭配

5. POP陈列标准：

（1）店面各类形象灯箱画与当季产品相对应。

（2）季节对应新品及促销品要随时更换。

（3）天花板较高的店面适宜挂吊旗。

（4）吊旗应对应灯光，以突出吊旗的视觉效果。

（5）吊旗方向和卖场动线设计相吻合。

（6）各类POP小件应该灵活摆放。

吊旗与灯光搭配，
吊旗高度适宜

通过吊旗营造“热销”氛围，
激发顾客购买欲望

促销POP小
件位置醒目

形象灯箱画与
当季产品相对应

吊旗突出开业庆典喜庆的氛围，
吊旗对应灯光，以突出吊旗的
视觉效果

6. 着装迎宾标准：

（1）导购着装统一。

（2）色系和卖场颜色相呼应。

（3）导购妆容统一，素雅、不夸张。

（4）迎宾语与迎宾技巧统一。

（5）导购站位科学。

热情的导购为我倒杯温水，暖到心里

导购热情的笑容、标准的站姿，导购服饰与卖场所售家居服搭配很有亲和力

7 提升顾客的试穿率有哪些方法?

几乎没有顾客会在不试穿、试戴、试用的情况下就购买商品。如果其体验过程愉悦、美好而满意，那么销售成交的可能性就会很大。终端销售人员经常抱怨：为什么那么好的商品“养在深闺人未识”？为什么顾客不愿意试穿我们的衣服？为什么顾客什么都说好，可是最终啥也不试就空手离店呢？为什么别人家的店货如轮转呢？下面我们一起来看看怎样才能提升试穿率，从而提升营业额吧。

实战演练

关于顾客的试穿率思考与改善建议

我们对周一至周日每一天的试穿率进行了记录，数据如下：

周一试穿率

周一					天气：阴转晴
	时间段	进店人数	试穿人数	试穿率	当班店员
周一	10：00—11：00	6	2	33%	张红 王敏
	11：00—13：00	14	8	43%	
	13：00—16：00	28	12	43%	张红 王敏 乔慧 李姝
	16：00—18：00	15	12	80%	乔慧 李姝
	18：00—20：30	45	38	84%	
	20：00—21：30	20	12	60%	

（周二至周日记录略）

一周平均试穿率

	时间段	进店人数	试穿人数	试穿率
一周 平均率	10：00—11：00	9	4	44%
	11：00—13：00	20	12	60%
	13：00—16：00	35	16	44%
	16：00—18：00	24	17	71%
	18：00—20：30	60	42	70%
	20：00—21：30	32	16	50%
平均试穿率	56%			

通过本周对进店人数与试穿率的数据记录与分析，我们得出如下结论：

1.一周的平均试穿率为56%，我们对这个结果并不满意。我们新一周的目标是70%，将通过努力保持在85%以上。

2.顾客试穿率低的原因，包括商品陈列没有吸引力，并未形成磁点效应。

3.我们区域的顾客比较喜爱色彩淡、单一的款式，我们没有做好这类商品的主力陈列。

4.两个班相比，其中李姝班的试穿率要明显高于张红班的，说明张红班的导购在语言引导与销售技巧方面存在问题。

改进建议：

1.调整陈列，增加主力销售品的模特。

2.增加内部培训。持续一周，利用交接班时间进行销售技巧的交流、学习与培训。培训由李姝来完成，分享引导试穿的销售话术。李姝的培训提纲如下：

顾客走进试衣间时的销售话术

时段	顾客话语	导购应对	注意事项
顾客刚进店		“姐姐，您是看家居服还是看单件上衣？”	给顾客一个选择题，好锁定目标。
顾客留意某件商品	“这件怎么样呀？”	“姐姐，我们的家居服一定要上身试才能看到效果。您皮肤白，穿上一定很明艳。您试试。”	给予顾客适当的赞美与鼓励。
顾客犹豫时	“需要试吗？这么冷的天，脱衣服好麻烦的。”	“姐姐，我们的试衣间很温暖。我把浴霸给您打开。您放心，我陪着您，帮您参考一下是否适合您的尺码、肤色和气质。”	一边说，一边用手引导顾客走进试衣间，尽量不给顾客太多思考的空间。
顾客跟着进试衣间		“姐姐，我再给您带上同款式的其他色彩，便于您选择。另外，我们还有一个今冬爆款，好多您这样时尚的姐姐都会选择这个豹纹款，我一并给您带上。”	通过判断，多带几件顾客可能喜爱的商品，可以增加成交的机会，做好连带销售。

陈老师总结

乔店长的店在试穿上，最突出的两个问题点就是导购的技巧和陈列的方式，他们对比公式进行了调整。我们一起来看看，除了这两点，还有哪些影响要素。

试穿率=进货技巧+商品陈列+导购技巧+试衣间标准

1.进货技巧之“进货四问”：

（1）我们所进的商品色彩适合当地的人文喜好吗？

（2）我们所进的商品风格受店面所在商圈的消费群喜爱吗？

（3）我们所进的商品尺码是否适合区域里的主力消费群？

（4）我们进货时，是否考虑到提升品牌的形象款和增加热销氛围的特价款？

2. 商品陈列技巧：

（1）同类风格的产品宜归类陈列，便于导购推荐。

（2）商品陈列不宜太拥挤，要方便消费者触摸及拿取商品。

（3）在主、副通道不断设计“磁石点”（如模特，正挂重点照明），不断吸引消费者的注意力。

（4）正挂和侧挂应该梅花间竹，这样能防止“视而不见”。

3. 导购技巧：

（1）导购的技巧在于既不急于求成也不错失良机。

（2）导购要掌握有效的FAB介绍法则。

（3）适当地赞美顾客。

（4）把握成交的时机。

无声的导购：重点商品单件模特展示，激发顾客购买欲望和冲动
全身模特推荐重点产品
顾客会想“原来我可以这样搭配”，吸引顾客进店尝试陈列搭配

4. 试衣间标准：

（1）试衣间装潢必须是整个店面最漂亮的。

（2）灯光照明要充足，最好用暖色光源。

（3）试衣间一切道具要便于试衣。

（4）要考虑好消费者试衣时，鞋子、提包的摆放位置。

（5）试衣镜要保持整洁。

（6）试衣间要增加感情氛围，引导顾客消费。

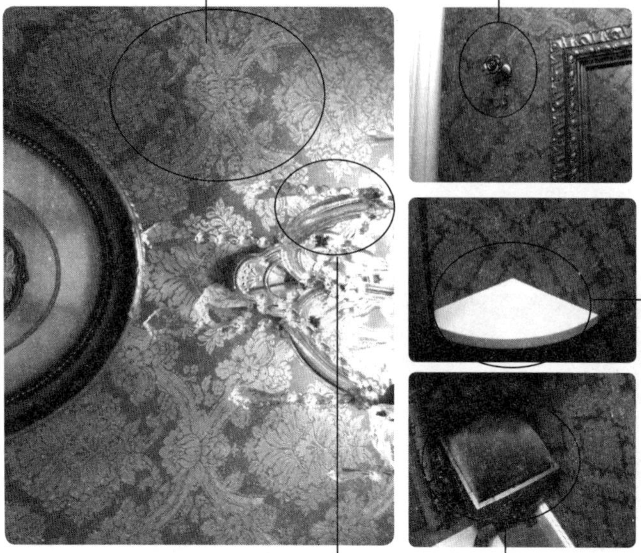

8

提高成交率有哪些技巧？

有试穿率而没有成交率，就好比天天相亲，却永不结婚，白忙活一场。这是终端销售绝对不愿意看到的情景。导购们常常抱怨："多好的衣服呀，试了就是不买。""一问价格，太贵了，扭头就走。""老说不太适合自己。""总觉得还有更好的，想再看看，比较比较。""我怎样才能临门一脚，让顾客买单呢？"

在销售中，成交是永恒的重点。如果没有成交，一切的门头、陈列、促销、广告、介绍都是白费工夫。我们所做的一切，都在为成交的那一秒钟做准备。然而，销售中有"99+（-1）=0"的法则，就是说如果有一点处理不当，之前做的努力可能都是白费。在成交环节中，我们要把握住哪些技巧呢？

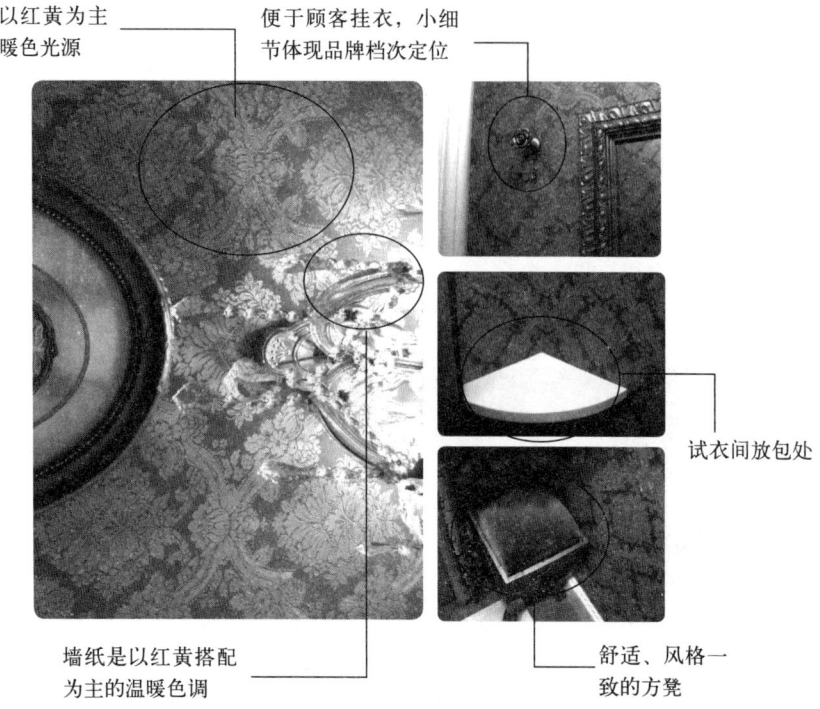

实战演练

关于成交率的思考与改善建议

我们对周一至周日每一天的成交率进行了记录，数据如下：

一周成交率

周三			天气：晴
店员	试穿人数	成交人数	成交率
张红	14	7	50%
王敏	22	14	64%
乔慧	28	20	71%
李姝	32	29	91%

（周一、周二、周四至周日记录略）

一周平均成交率

	张红	王敏	乔慧	李姝
周一	44%	62%	80%	90%
周二	80%	64%	81%	92%
周三	50%	64%	71%	91%
周四	26%	68%	84%	88%
周五	56%	72%	83%	94%
周六	60%	78%	90%	94%
周日	54%	69%	92%	96%
平均成交率	53%	68%	83%	92%

通过一周的成交率记录与计算，我们有如下问题与改善建议：

1.从成交率能看出，每位员工的成交技巧差异。李姝经验丰富，语言流畅，能抓住顾客心理，成交率高达92%；乔慧83%，相对比较稳定；王敏68%，还有很大的上升空间；而张红53%，并且起伏不定，特别需要整改。

2.通过对王敏、张红平时工作的观察，我发现王敏成交率低主要在于销售过程中太过强势，使顾客感觉生硬，对她的产品有抵触情绪。而张红的问题是胆子较小，不敢对顾客提要求，也不会主动推进销售动作。针对两个人的问题点，我们也列出了培训计划，由销售明星李姝进行成交话术的培训。李姝的培训提纲如下：

促进顾客成交的7个常见情景

情景	顾客话语	导购失误语言	顾客心理感受	导购正确语言	顾客心理感受
顾客犹豫时	“哎呀，这件穿在身上好难看呀。”	“哎哟，您穿这个好看着呢。”	“难道我是瞎子，看不见自己穿这件很丑吗？这导购怎么睁眼说瞎话呀？”	“姐，我觉得您的肤色比较偏健康棕色。这款的款式很好，如果换成亮蓝就更适合您。您考虑亮蓝吧。”	“对呀，我怎么没想到换个色彩呢。”
顾客要和家人商量时	“好贵呢，我回去和老公商量一下吧。”	“行呀，那您商量了再来，我们等您啊。”	“行呀，拜拜，回去想想，说不定就不买了。”	“姐，您真是好老婆，这么为老公考虑。其实一分钱一分货，东西贵是因为品质好，这款含有羊绒，所以比其他款的更加暖和。您送给先生，他感受到温暖的时候，一定会体会到您的爱意的。姐，您带回家，给老公一份惊喜吧。”	（内心暗喜）“呵呵，我还是位体贴老公的好太太呢。”
顾客找个借口离开时	“我再看看其他店吧，你们家的东西好少。”	“姐，不少，这么多东西您都没看上？”	“啥意思？骂我瞎眼没看见呀。”	“姐，我们的货品是少而精的。您说说您喜欢啥款式和类型，我给您挑，一定有适合您的。”	“行，那我想想我要啥啊。”
顾客担心质量问题时	“不知道这个质量是否有保障。”	“姐，我们的货品是符合国家标准的，怎么可能有质量问题呢？”	“国家标准的奶粉还毒死人呢。”	“姐，您的担心我非常理解。因为其他顾客也有和您一样的担心。如果出现您所说的质量问题，您带回来，我退钱给您，货您还拿走。我向许多老客户这样保证过了，还从来没遇到过来退货的，您尽管放心买吧。”	“呵呵，那我放心，要是有问题，我还占个便宜呢。”
顾客心里有顾虑时	“算了，我考虑一下。”	“姐，别考虑了，买吧。”	“我都没想好呢，就知道推销。”	“姐，您觉得哪点不满意呢？您说说，我帮您参谋参谋。”	“我觉得……”（又重新找回了销售的机会）

（续）

顾客在意价格时	“太贵了吧，别人家的价格只有你们的一半呢。”	“姐，东西不一样呀。那些是地摊货，咱们这是品牌。”	“有啥差别？看着都一样。啥品牌，不就广告多吗？”	“姐，我们睡衣的面料是珍珠桑蚕丝的，是由珍珠打成粉融入桑蚕丝内。虽然表面上看都差不多，可触感完全不一样，穿上还有保养皮肤、美白的功效呢。您气质那么高贵，肯定是追求高品质生活的人，那更要选择我们的产品了。”	“呵呵，要买当然要买个好的。关键是你要讲明白好在哪里呀。睡衣能美白，那敢情好。”
顾客指责商品时	“这件穿上去这么难看，不想买。”	“姐，您不买就算了。别说我们的货不好呀。我们的可是品牌。”	“就说你们不好了，你们的东西的确难看。”	“姐，里面的保暖衣核心要意是温暖。这点您是认同我们产品的，对不？其实这款的特点是无痕设计。它看上去确实不像时装一样漂亮，可是您冬天将时装套在它外面，一点不觉得臃肿，显得身材特别好。您冬季修身买这款打底最合适了。”	“对呀，这款虽然样式一般，可是无痕设计，很适合打底，我怎么没发现呢？”

培训后，我们再用老员工传帮带指导一周的销售技巧，重新设计了下个月的成交率目标，分别是张红75%、王敏85%、乔慧90%、李姝95%，并争取在两个月后，成交率最低达到85%。

陈老师总结

乔店长利用成交率表格分析出店员在成交中的问题，并设定了新的成交目标，这是对销售进行过程管理的一种量化控制的好方法。店员们能在目标的推进下，努力达成成交量与成交额。店长们可以学习乔店长对于成交率表格的运用方法，计算出自己店里每位店员的成交率水平。

李姝总结出顾客在成交时经常出现的7个异议情景，列举了店员回答时易犯的错误和相对正确的参考答案，详尽地分析了顾客的心理变化，使导购们了解了什么样的答案会让顾客离店而去，什么样的答案更能抓住顾客的心理。建议店长们也有针对性地整理出自己店中常见的核心异议问题，并给出正确的参考答案。

⑨

如何在高成交率的基础上提高客单价?

成交率上去了，营业额就一定很高吗？并非如此。如果客单价太低，成交率只是个数字而已。因此，在提高成交率的同时，必须提升客单价。判断一位导购是否经验丰富，这两个指标起着重要的作用。成交率高但客单价低，说明导购销售热情十足、激情百倍，但缺乏大额商品的销售经验，所以成不了大单。客单价高但成交率低，说明导购重视大客户，有丰富的大额商品销售经验，但并不重视小单客户的接待。如果一名导购成交率与客单价都高，则说明他不仅销售心态积极，并且销售技巧娴熟。

实战演练

关于顾客的客单价的思考与分析

对于客单价方面，我们对每一位店员从周一到至周日的销售情况进行记录，数据如下——

一周平均客单价汇总表

姓名	张红	王敏	乔慧	李姝
平均客单价	300元	460元	650元	700元
成交人数	7人	14人	20人	29人
销售总额	2100元	6440元	13000元	20300元
本店本周营业额	41840元			

若我们要达到本周所分解的销售目标52000元，按目标成交人数80人计算，客单价目标就要达到每人650元；按每周成交人数80人计算，每天的平均成交人数就是12人；成交人数12人，若是85%的成交率，每天的试穿人数就是14人；若要保证每天试穿人数14人，按试穿率85%计算，每天进店人数就是17人。

据此，我们计算出每天的最低业绩目标为：进店人数17人，试穿人数14人，成交人数12人，客单价650元。该目标可以保证我们完成最低销售任务。

通过比较，我们发现客单价未能达标的张红和王敏，在销售过程中没有养成推荐连带商品的习惯，也不知在何时向顾客推荐连带销售品。于是我们请李姝整理出了提升客单价的销售培训提纲。

提升客单价的4个重要时刻与顾客再次购买的理由

情景	顾客情景	导购应对	注意事项
顾客决定购买时	顾客已经为自己购买了全套内衣	“姐姐，您还可以给自己的先生和小孩各买一套。我们买200送50的促销活动只有3天了。过了优惠时间，就没这么好的省钱机会了。我再帮您选一套适合您先生的吧。”	在顾客已经确定购买时再做连带销售，否则会引起顾客反感
顾客在收银台买单时	顾客已经决定好购买的物品，在收银台付款	“姐姐，我们的小裤是纯棉的，有12款色彩。您可以带上几条给自己和家人呀，价格很实惠呢。”	将小裤陈列在收银台旁边，便于顾客拿取
为顾客找零钱时	顾客购买的物品需要找零的金额较小	“姐，刚好是294元，您如果没有零钱的话，可以购买一双棉袜，既温暖又舒适。”	将各款棉袜展示在收银台附近，便于顾客拿取
顾客的单价接近办VIP卡时	顾客购买的客单价接近VIP卡办理的金额	“先生，您刚好消费了628元，如果您消费到650元就可以成为我们尊贵的VIP会员了。会员可以积分和换购礼品。我建议您再买一条单裤。”	推荐单价不太高的商品，以免引起顾客的不满

陈老师总结

客单价=找零技巧+商品结构+连带销售技巧

乔店长的报告中能体现出客单价低的原因，并能建立客单价平均目标指导店员的销售。在培训提纲中，“找零技巧”“商品结构”和“连带销售技巧”相结合的方式，运用得很到位。如何提升客单价？建议如下。

1.找零技巧：

（1）在收银台附近设定小商品陈列区。

（2）小商品价格应和店面主流产品价格相加为整数。

（3）用设计好的找零话术引导再次购买。

2.商品结构：

（1）核心商品和辅助商品应该有很强的关联性。

（2）辅助商品的风格应与核心商品的相同。

（3）不同类型商品可以捆绑销售。

（4）导购应掌握连带销售技巧与话术。

（5）善于通过语言激发顾客的再次购买欲望。

⑩

怎样增加和维护忠诚顾客?

忠诚顾客的价值在于，再次购买时，他对店面、店员已经充分信任，无须导购再浪费时间去解释我们店有多么诚信，我们的商品价格有多么优惠、质量有多么好，只需要向忠诚顾客展示我们的新品，他只要中意，便会欣然接受。而且忠诚顾客会像义务宣传员一样给我们打广告、树口碑。

如果你的店面低于50%的业绩是由忠诚顾客产生的，那说明你的忠诚顾客维护还没做到位；如果超过80%的业绩都是由忠诚顾客产生的，那么恭喜你，你的客户关系维护得非常不错。

实战演练

回头率分析与改善建议

店员们将这几年来收集的回头客信息进行了再次整理。我们发现：回头客的记录信息非常简单，除了姓名，就是电话；回头客数量也不多，加起来也不过四十多位，我们尝试着拨打了电话，结果好多电话号码都成空号，能够打通的几个号码，本想邀约客户来参加我们的促销活动，结果发现接通电话的客户并不上心，甚至对我们的电话非常反感。

为了改善VIP客户管理，我们重新设计了VIP客户表格。

“爱多芬”家居服生活馆VIP客户记录表

请用中文正楷填写此表，并在适当的□内打上√号。请如实填写您的姓名、生日、e-mail、身份证号等信息，以确保我们能将每次活动的礼品准确发送到您的手中。“爱多芬”对您的个人信息进行保密处理，无须担心。带*号的为必填项。
姓名：____________*　生日：_______年___月____日* 身份证号：__________________________性别：________* 婚姻状况：未婚□已婚□（结婚纪念日___年__月__日，其他纪念日_________年____月____日，我们会送上意外惊喜） 职业：________*联系手机：______________________* e-mail：___________________*　邮编：________________* 通讯地址：____* 顾客身高_______cm*　身材型号_____*　喜爱的颜色______*　钟爱款式______*
您喜欢的获取最新资讯的方式： □手机短信　□电子邮箱　□电话　□书信　□QQ　□其他
销售记录： ____ ____ ____

本表格从本周开始启用，将单笔销售金额在650元以上的客户纳入VIP客户群体中。对VIP客户进行积分记录与奖励（详见积分对换表）。

在VIP客户的生日、特殊纪念日、节假日发送有价值的手机短信。短信参考内容如下：

频率	短信类型	短信内容（示范）
每周一次	自制周末问候语 自制健康小贴士 自制幸福密码小贴士	“周末了，别太累了，也该歇歇了。请到爱多芬来品尝一杯清茶，我们为您特备了云南特级普洱，欢迎来店品味。” “夫妻相处，理解是基础、信任是保障、微笑是调料，爱多芬家居生活馆祝您全家温馨幸福。”
节假日问候	各类节日问候（包括元旦、春节、元宵节 、情人节、 妇女节、国际劳动节、“五四”青年节、母亲节、父亲节、端午节、七夕、中元节、中秋节、教师节、国庆节、圣诞节等）	“今夜月明人尽望，不知秋思落谁家。送上香甜的月饼，连同一颗祝福的心！爱多芬店敬祝您中秋快乐！凭此短信来店，即可获得中秋来店礼。”
促销信息	促销内容	“好消息，爱多芬家居生活馆冬款上市，多件爆款呈现顾客疯抢之势。VIP客户积分兑换好礼开始啦，更有多重惊喜。××店期待您的光临。”

（续）

频率	短信类型	短信内容（示范）
重大事件	神九飞天	“神九飞天，举国欢庆，爱多芬店为庆祝这一激动人心的历史时刻，举办特卖活动。请您于×年×月×日前来××专卖店即可享受多重优惠。”

通过本次VIP客户的启动，我们的VIP客户年度目标是：

	张红	王敏	乔慧	李姝
VIP客户数量目标（人）	20	35	50	50
VIP共计销售次数	每年4次	每年4次	每年4次	每年4次
VIP销售客单价	650	650	800	800
VIP销售总金额	52000	91000	160000	160000
VIP年度共计营业额	463000			

对于VIP的导购的奖励方式，请王总考虑。

王总看完这段报告后，开始思考VIP客户的回馈礼品的选择问题，以及如何通过奖励导购，使导购们能更好地维护VIP客户。VIP客户越多，企业的财富就越多。员工可能随时会离开公司，但如果员工能将VIP客户关系维护到位，即使员工离开，其在岗时所产生的价值就不会带走。经过王总的一夜思考，VIP导购的奖励计划终于出炉了：

1.每填写一次VIP完整信息及办卡一张，奖励2元。（以鼓励导购填写信息完善。）

2.VIP再次消费时，除原有提成以外，再增加2%的提成。（以鼓励导购通过电话、短信的方式邀请顾客再次回店。）

3.每月产生VIP客户最多的店员，另奖励现金100元。每月VIP客户消费最多的店员，另奖励现金200元。

陈老师总结

VIP客户的管理不是几个电话、几句问候、几个短信、几封促销信息的信件，而是对客户长期的持续服务与真诚挂念。专卖店形成以建立忠诚顾客为导向的服务意识与奖励机制，能最大程度地激发店员维护VIP客户的激情与动力。

回头率=店面文化+VIP管理

1. 建立关注忠诚顾客的店面文化：

（1）开展针对回头率的销售竞赛。

（2）不断强调忠诚顾客的重要性。

2. VIP管理方式的规范与奖励：

（1）建立VIP客户招募的方式。

（2）用奖励方式刺激VIP客户的产生。

（3）定期开展VIP客户的针对性与特殊性服务活动。

（4）定期或不定期举办为VIP客户特设的促销活动。

（5）VIP客户介绍顾客可以双倍积分或获赠礼品。

在东京银座的“雅马哈”电子琴店参加的一次VIP以亲会友联谊会，交流心声，畅谈感受，很愉快

11

如何通过教育顾客赢取更多VIP客户?

眼下的VIP客户已经被众多商家宠坏了，活动过多、短信频繁、打折常有、赠品丰富，一般的活动已经无法再入VIP的“法眼”。专卖店开始思考，是要特立独行，还是要坚持使用那些陈旧的老方法呢？

手机扫描二维码后，输入"DJCD03"，您将看到视频"感动服务没有想的那么难"。

我在上课时常问学员一个问题："顾客是什么？"大多数学员会不假思索地回答："是上帝。""是衣食父母。"对！我们的确应该像尊重上帝一样尊重顾客，但同时，我也会给大家一个答案："顾客是什么？其实顾客是一群最没有良心的人！"因为钱在顾客的包包里，他今天可以选择你，明天也可以选择别人。所以，他最多情、最善变，时时选择，没有定性。既然如此，我们应该怎么办呢？为什么有的品牌几百年屹立不倒，创造了一批又一批的忠实消费者？这些消费者把拥有此品牌看成人生的追求与目标。这些品牌都有一个共同的特点，那便是扮演着"教育顾客"的角色。它们通过各种方式教育消费者：我们就是时尚，我们就是流行，我们就是你的向导。

对照这些优秀的品牌思考一下，我们在维护顾客忠诚的道路上，做了多少真心引导消费者、教育消费者的事情呢？

实战演练

AC店是一家高品质调整型内衣品牌店，因为产品是专业的调整型内衣，价格相对来说趋于高端，因此进店的顾客量并不大。但这家店的忠诚顾客数量相对较多，忠诚顾客的消费比例占到80%以上。更重要的是，忠诚顾客的转介绍率达到100%，几乎每一位客人都会介绍至少一位顾客再次消费。那么，AC店成功的秘诀究竟在哪里呢？

第一，好的产品品质，结合市场研发、推广新品。对此我就不详细阐述了。只有好的产品品质和不断适合顾客的新品开发才能最终赢得顾客的心。

第二，VIP客户的教育方式。这点是我要详细分享的。

女性年龄超过25岁时，尤其是生育后的女性，因为身体的变化与地心的引力，难以抗拒地会发生身材的改变。但许多女性在身材改变后，还是会错误地选择内衣，使用年轻时经常穿着的传统型文胸。此时的女性，需要为自己选择合适的调整型内衣。但是许多女性由于观念传统、思维保守、知识欠缺，根本不知道如何去改善与调整自己的身材，更不要说为自己选到一件合适、健康的调整型内衣了。此时，在顾客掏钱购买我们优秀的产品之前，我们必须要让顾客受教育，让他们非常清楚地知道：“我需要改变自己！”“我需要重塑自我！”“我需要建立自信！”当顾客的需求点被引爆以后，产品的财富点自然也就引爆了。

关键是怎样才能教育消费者呢？我们看看AC店是怎么通过会议营销来教育消费者的。

第一步：会议营销前的准备工作

AC店依托社区建立的专卖店开始筹划第一次客户分享会了。参加本次分享会的顾客在招募时需要具备两个条件：第一，有消费能力；第二，有消费意愿。如果不具备第二个条件，具备第一个条件也行。如果只具备第二项条件，则不属于招募的对象。

AC店的目标是一次会议有20位准顾客参加。数量不在多，关键是店内的导购能招呼与关怀到每一位顾客。

AC店的业绩目标是80%成交率，成交单价是4000元/人，本次会议的销售目标总额是64000元。

活动内容的巧妙设计是吸引顾客来参加活动的重点。AC店根据以往丰富的会议组织经验，将会议题目定为——第一部分：女人经营婚姻的幸福之道，主讲嘉宾××大学人文学院知名教授××；第二部分：终身拥有好身材，其实你也可以做到，主讲嘉宾AC店资深美体顾问×××。

第二步：会议营销前的顾客招募

会议前的顾客招募是非常重要的。根据AC店以往的经验，招募确定到场的顾客与当天到场的顾客比例是2∶1。因此，要想招到20个顾客来店，就要有40位左右的准顾客。

AC店通过专业方式招募顾客。

一是电话推广：通过与熟人所推荐的社区附近的准顾客电话联络。

二是派发传单：在社区附近的重要地段派发邀请函，并留下顾客的电话，为了使顾客愿意主动留下他们的联系方式，向留下电话的顾客赠送一份礼品。

不要小看这两项活动，坚持就是胜利。AC店的店员通过一周努力达成了目标。

我们看AC店是怎么进行电话推广的。

导购："张姐，您好。我是AC调整型内衣店的小李。您的电话是您的朋友×××推荐的，冒昧打扰您。××年×月×日，在我们店举行免费讲座，题目一个是女人经营婚姻的幸福之道，主讲嘉宾是××大学人文学院知名教授××，另一个讲座的题目是终身拥有好身材，其实你也可以做到，主讲嘉宾是×××。机会难得，名额有限，希望您能参加。您放心，我们的讲座是免费的，并且以前听过讲座的客人都受益匪浅。您有时间吗？如果有时间，我为您订好座位。"

（点评：先说明自己的情况，让客户知道你是干什么的、准备干什么。）

张姐："你们就是想让我买你们的产品吧？"

导购："张姐，您完全可以听完我们的课，一分钱的东西都不买的。我们绝对不会强迫消费，这点您放心。另外，您还可以通过我们的专业仪器免费诊断乳腺健康程度。

（点评：打消顾客的顾虑，同时给顾客一些免费的好处，建立顾客的兴趣点。）

张姐："真有这样的好事？"

导购："张姐，我们AC店在社区已经做了3年，老客户非常多。你们××小区里有我们很多客户了。请相信我们的诚信。另外，来店参加活动的顾客还能获得价值322元的健康小礼包。其实小礼包是次要的，关键是您能学到东西——怎样经营好自己的家庭，让自己更幸福；怎样改善自己的身材，让自己更美丽。这是每一位女性都关心的问题。您来看看吧，相信您会收获很多的。"

（点评：再次强调顾客能获得什么价值，顾客只会为有价值的事情付出努力。）

张姐："那我考虑一下。"

导购："张姐，这样，您先报个名吧。名额只有20个，您现在不报名，其他客户来得多了，这次就没机会了。我先给您报上名吧。"

张姐："行吧，我先报上。"

（点评：趁热打铁，马上推进，确定成交。）

第三步：会议营销的实施

AC店的会议营销大获成功，达到了既定的销售目标。原因如下：

1.讲授的内容非常有针对性：顾客对经营家庭和改善身材的方法很受益。

2.试穿率高：顾客来了，试穿总不花钱吧。结果一试发现使用产品前后对比如此巨大，加上前面学习的结果，顾客会欣然买单，没有犹豫。

3.转介绍的收益多：AC店规定，如果顾客能成功地转介绍一名顾客，将获得更多的积分与免费胸部按摩机会。顾客本来觉得产品不错，自己使用也有效果，再加上有好处，何乐而不为呢？

第四步：持续教育顾客

虽然AC店招募VIP客户的方式非常成功，但随着竞争品牌的增加，顾客的流失率增加。因而，对VIP客户的持续教育变得很重要。

AC店为VIP客户准备了一年的免费学习计划，同时不断招募新的准客户参加。有些题目非常受女性顾客的喜爱，如创造魅力女性、胸部的护理保养、产后妈妈的身材维护与改善、如何平衡事业与家庭的关系、完美身材的塑造方法等。

陈老师总结

AC店对VIP客户的经营之道，核心来源于不断通过免费教育顾客而建立顾客对品牌的依赖。其教育的主线是为顾客的健康与身材考虑，而教育的结果是顾客依赖AC的产品来解决问题。AC店与VIP接触的每一个瞬间，都让顾客感觉到自己能获得价值。要想取之，必先予之，AC店先付出自己的努力，才最终获得了财富与顾客的信任。

12

怎样成功策划促销活动？

促销的成功不是在促销当天确定的，而是在促销前就已经开始。最初的促销主题明确、促销时间确定、促销地点选择、促销组织分工等，都决定着能否达成专卖店的促销目标。那么怎样才能成功地举办一次促销活动呢？“他山之石，可以攻玉”，我们来学习其他优秀企业的成功之道吧。

实战演练

成功的促销活动首先要有详细的促销实施计划。下面来看看“温暖”牌羊绒服饰专卖店促销成功的要领在哪里。

“温暖”牌羊绒服饰专卖店元旦促销方案实施计划

【活动目的】

借元旦契机，进一步把握销售旺季，提升“温暖”品牌在消费者心中的美誉度。通过现场展示和大力宣传，以强烈的商业气氛冲击顾客的视觉、刺激他们的购买欲望，以提升销售业绩和抢占市场份额。本次促销活动营业额目标为32万元。

【活动时间】

12月26日—新年1月1日，持续7天。

【活动地点】

A专卖店。

【活动主题】

1.手有多大，奖金就有多大。

2.购物满1280元，吉祥礼包抱回家。

【广告语】

“温暖”送到家，好运一整年。

【活动宣传】

1.通过当地电视台、当地商报，针对目标消费群做信息告知。

2.通过手机短信，一对一告知活动信息，有效通知VIP客户。

3.通过投放广告信函方式，寄送促销宣传单到周边重要社区。

4.通过别致的店内外布置，使销售终端气氛热烈，吸引顾客进店。

【活动内容】

1.手有多大，奖金就有多大。当天在店里购物满888元，即可现场抽奖一次，在奖池中单手抓现金，抓住多少给多少，奖池中的现金均为一元硬币。

2.购物满1280元，吉祥礼包抱回家。活动期间为全家人购物满1280元时，即可获赠VIP金卡一张(享有购物打8.8折的优惠)和元旦吉祥礼包一份。礼包中有新年女款纯棉套装、新年全家4双棉袜、新年如意对联。

【气氛布置具体要求】

1.通过店内挂POP吊旗、店外彩旗、顾客购物赠送新春贺卡等，营造和渲染现场的热烈氛围。

2.在活动黄金时段，导购着新年吉祥娃套装，身挂“新春穿新衣，新衣伴好礼”“‘温暖’送到家，好运一整年”“看谁是新年的抓钱能手”字样条幅在店外宣传，以吸引客户。

3.各店参与活动的商品或者赠品必须于27号晚上前全部到位，并且将活动细则的解释工作落实到每位员工。

【分工安排与完成时间】

任务	完成时间	责任人
场外道具到位	12月25日	张明
室内促销活动道具到位	12月25日	李春
VIP通知到位	12月22日	范美利
工作人员服装、POP单、吊旗到位	12月25日	范美利
……	……	……

【考核与奖励】

促销段内销售目标：32万元；促销段内相关道具成本目标：4000元；促销段内媒体广告成本目标：1万元；促销段内新增VIP数量：50位。

以上达标时，店长除正常提成外给予促销奖励600元，导购除正常提成外给予促销奖励400元。

陈老师总结

“温暖”店的促销策划和成功实施是因为把握住了促销的关键点：

1.主题明确，顾客一目了然。

2.活动新颖。抓钱活动使现场的氛围非常热烈，顾客即使没有买够888元，为了体验一下游戏的快乐，也会凑足金额。最大手掌的男性顾客，最多也只能抓到三十几元，但这个活动引发了许多再次消费，提高了客单价。

3.购物满1280元即可享受打折，还能获赠礼包。这再次引起了顾客挑战更高金额的欲望，不光自己买，还给老公、儿子、父母各来一套。

4.场外的布置能吸引顾客的眼球，引发周边人流的注意，提高了进店率。

5.提前通过电话、短信方式通知VIP客户，吸引人气，带动销售。

6.通过奖励目标，激发店员们的促销干劲。

在做促销活动前，需要思考的问题可以用5W2H的方式来计划：

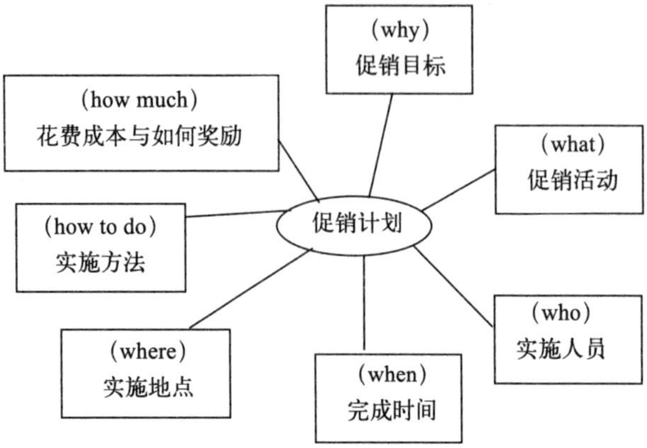

⑬

派单到底有没有用，怎样派单才有效?

派单即是将专卖店的促销活动、打折内容、新品上市等信息通过传单的方式传递到准顾客手中，刺激准顾客在了解信息后主动到专卖店消费。派单真的有用吗？答案是肯定的。

有时候导购不认真对待派单行为，无论准顾客接还是不接，导购始终都面无表情，只想赶紧发完传单，便万事大吉。这样的派单行为的确是毫无意义，可这并不能证明派单没有价值。

我曾经辅导过一家店面，他们通过派单结合促销，曾经创造过一天销售业绩突破原定目标6倍的销售奇迹。究其原因，是在派单环节掌握了科学的方法，运用了科学的工具。

实战演练

“美满源”的促销秘籍

“美满源”是一家经营服饰、内衣、家居的综合店面，这家店派单与促销相结合的方式曾经创造过一天销售10万元的业绩神话，在业内引起轰动。全国各地的代理商纷纷来探索他们成功促销的秘籍。

“美满源”成功的核心在哪里？一句话总结：天时、地利、人和，选择正确的时间、合适的地点，具备积极心态、标准话术的店员齐心协力共同完成。

1.正确的派单地点选择。

（1）专卖店辐射50米左右的距离，可直接将顾客引导进入店面。

（2）距离店面200米，通往店面的十字路口处，引导顾客向店面靠近，靠近后由店面附近的派单店员直接引导进店。

（3）周边距离500米的电影院、综合商场必经路口处，通过语言引导提示顾客促销时间与专卖店位置。待顾客走近十字路口后，再由十字路口的派单员引导到店门口。

（点评：三点一线的方式，将顾客从较远的位置一步一步引导到店面，每个关键位置点均有派单人员。派单位置的选择是核心，所谓“一夫当关，万夫莫开”就是这个道理。）

2.正确的派单时间选择。

派单时间安排：9：30—11：30，16：00—17：30，18：00—20：00。

（点评：通过平时观察发现，这3个时间段是顾客人流量最大的时间段，也是顾客逛街的黄金时间段，故也作为派单的时间。）

3.合理的派单人员搭配。

（1）店门位置配备：豪侠队队长——胡雄，队员——李凤、胡洪雨、郭晋明。

（2）十字路口配备：冲锋队队长——李亮，队员——肖华、王青青、于俊。

（3）电影院和商场配备：风火队队长——王平，队员——秀清、朱红利、谭灵。

（4）店内配备：温馨队队长——朴术，队员——艾玲、王玉梅、闫利、张扬。

（5）队长负责：调整队员队形、督导队员、主力派单、调配物资。

（6）队员责任：吸引顾客、引导话术、带客进店、服从队长安排。

4.派单物料准备。

（1）宣传单共3600张，平均每人分派300张。

（2）晨报周边位置的夹报广告2000张。

5.派单目标与任务。

（1）当天派单共计3600张，每人300张，每人上午派发100张，下午派发200张。

（2）按8∶1的进店比例，当天进店人数目标为450人；按80%的成交率，当天成交次数为360人次；按200元的客单价，当天销售目标为72000元。

（3）当天完成派单目标与业绩目标，参与人员每人奖励现金500元、品牌豆浆机一台，补休假一天。

6.派单话术与技巧。

（1）派单人员要求：着专卖店职业装，女性化淡妆，普通话标准，充满热情、面带微笑，心态积极，不与无理顾客争辩。

（2）讲话时抓住重点，语言流畅，注意观察顾客的眼神、动作。在顾客不反感的情况下，可以通过肢体动作引导顾客进店。

（3）派单常用情景话术：

①“姐姐，你好，今天‘美满源’两周年店庆，我们推出了一系列的活动，凭这张单子进店购买30元以上的产品可获立减5元的优惠，我们的店在……我带您去。”

（点评：切记，要一边说一边给顾客指引专卖店的方向，或直接引导顾客进店。）

②“美女帅哥，你们好，你们看起来好般配啊，正好我们‘美满源’店的家居服刚推出了一款情侣系列，特别适合你们，凭此单进店当日消费30元以上就可以现场抵用5元。现场店里已经有许多顾客在挑选了，二位也去看看吧。”

（点评：先适度赞美顾客，再给顾客一个进店的理由，最后制造热销的氛围。）

③“姐姐，这位是你老公吧？你们好幸福甜蜜哟！我们‘美满源’店正在搞特价活动，全场2折起，部分产品限时抢购1折起，数量有限，快去看看，晚了可能喜欢的就没有了。我带你们进店吧。”

（点评：如果发现是中年夫妇，打扮比较平实，可能会趋向于爱占便宜的心理，派单时以强调价格为主。）

④“姐姐你好，‘美满源’在搞两周年店庆，全场2折起。看你这么时尚，我们店有一新款泳衣你可以去看看，我们店很少有这种活动，现在购买是最划算的，去看一下吧，就在前面不远处。”

（点评：面对时尚女性可以提示，店里有适合她气质与品位的时尚款式。）

⑤“妹妹你好，‘美满源’在搞两周年店庆，全场 2 折起。旁边这位是你姐姐还是妈妈呀？啊，是妈妈呀，好年轻哟！妹妹，今天特价促销，快去为妈妈选几件漂亮的家居服吧，还有打底衫，孝顺一下妈妈。也可以为自己看看，今天买还有赠品呢，机会难得。我带二位去看看吧。”

（点评：若遇结伴而行的顾客，可以通过适度赞美引导进店。比如，可以赞美老公体贴老婆，子女孝顺父母等。）

陈老师总结

“美满源”派单成功在于：

1. 派单前做足准备工作。

2. 通过奖励计划充分调动员工的积极性。

3. 事先培训店员掌握派单中的技巧与话术，注重动作、表情、各类情景的顾客心理把握。

4. 有明确的派单目标与考核目标。

5. 已经形成成熟的派单与促销模式，并在各个分店中推广。

6. 几乎每一位员工都掌握了派单各个环节的要领，所以他们的派单小分队走到哪里就火到哪里。

14

店内播放什么音乐能促进销售？

奥斯卡会颁发最佳音乐奖，因为音乐在电影中起着至关重要的作用。如果对电影的配乐有所留意，你会发觉，一般看电影的时候几乎觉察不到音乐的存在，因为人们把注意力都集中在了画面、情节、人物等因素上，情绪也随之起伏。所以，恰到好处的音乐起着意境渲染与情绪调动的作用。

好的卖场音乐也是如此。音乐在卖场中起到营造卖场氛围、调整顾客情绪、强调品牌定位与性质的重要作用，让顾客能够将注意力更好地集中在体验商品上。如果有顾客对你讲，你们卖场的音乐真不错或者真难听，这个时候一定要尽快检查是不是音乐出了什么问题——太慢？太流行？声音太大？

到底什么样的音乐最适合在卖场播放呢？这就要区分场景了。服装店和餐饮店的音乐属性显然会有所差别。即使是服装店，在运动装与职业装卖场的音乐选择上差别也很大。

实战演练

不恰当的背景音乐

A店是一家高端的女装服饰专卖店，从早到晚，店里一直就没几位客人。我走进店面，立即被店内震耳欲聋的音乐吓到了——声音大得几乎听不到顾客在讲什么，只有凄惨而悲恸的歌声："死了——都要爱——不淋漓尽致不痛快，感情多深只有这样，才足够表白。"说实在的，一大清早听到这首歌就觉得不大吉利。店长说："我们都放眼下最流行的音乐，年轻人爱听嘛，导购听了也不打瞌睡，可以提升干劲儿。比如《死了都要爱》《你为什么背着我爱别人》《月亮之上》《爱情买卖》《伤不起》，都是大家喜欢的呢。"店长得意地炫耀着自己的音乐选择曲目。

（点评：导购喜爱的歌曲就一定是顾客喜欢吗？不同年龄阶段、不同文化层次、不同消费水平的顾客在音乐的选择上也会有所差异。这家店错误地选择了流行歌曲，而忽视了自己的目标顾客群体是30~50岁的成熟、成功女性，她们的品位和生活档次已经远远高于店里所选择的流行歌曲。并且，所销售的服装价位在2000~6000元，属于高端女装范畴，歌曲的调性就应该和品牌的定位相匹配，宜选择一些高雅、恬静、细腻的音乐。）

陈老师总结

音乐属于艺术的领域，既然是艺术就会众口难调。可专业化的卖场还是要"调好"顾客的感觉，让顾客在愉悦的情绪中接触商品，感受品牌文化。关键就是要发现规律，找到最适合自己店面的乐曲。

音乐的要素包括速度、音色、力度、旋律、风格。首先要为自己的店面确定好，什么样的主题音乐是最适合的，然后结合速度、音色、力度、旋律与风格这5个要素。比如一些有品位的咖啡馆都比较喜欢用小野丽莎的歌，因为她的歌曲速度缓和、歌声略低沉、力度轻柔、旋律平和、风格高雅，一些高端的商务人士、小资群体就爱听这个调调。

下面我们以速度要素为例来说明。

1.迎宾时段：调动导购情绪，进入工作状态。主速度95拍以上为宜。

2.送宾时段：使场内顾客顺利购物离场。速度120拍以上的音乐会有较好效果，也易使导购保持兴奋。

3.低客流时段：客流较少的时段。主速度相对舒缓，75至95拍较适宜。

4.高客流时段：客流较多的时段。主速度相对较快，95至115拍较好。

5.易疲倦时段：特指13：00—15：00，过于舒缓的音乐、特别是器乐易使人困倦，因而主速度最好在105拍以上，人声也要相对多一些。

依据营销主题，音乐也需有所配合，比如情人节、母亲节、儿童节、圣诞节、春节等节日，再比如会员专场或其他主题类营销活动。春节的卖场音乐是较难创新的。2009年春节期间，笔者考察过成都、兰州、沈阳、西安的卖场，音乐居然均以中国民乐为主。不是说民乐不好，而是大家全天都用这个，“音乐织体”的相对性基本上就不存在了。

店内背景音乐风格示范

时间段	主打音乐	音乐风格	音乐范例	作用
8：30—10：00	流行音乐	轻松、活泼	快节奏的流行音乐	清晨焕发导购激情
10：00—12：00	轻音乐	节奏感较强	英格玛乐队	提升顾客热情
12：00—14：30	流行音乐	节奏感较强	成熟风格的流行音乐	提升顾客激情与冲动
14：30—17：30	轻音乐	沙发音乐	班德瑞音乐系列	让顾客放缓脚步
17：30—19：30	流行音乐	节奏感较强的欧美音乐	成熟风格的流行音乐	提升顾客激情与冲动
19：30—21：30	爵士乐	萨克斯风格	凯利·金	让顾客放松心情，愉悦购物
21：30—22：00	古典音乐	钢琴曲、小提琴	梁祝、茉莉花	让顾客安心购物，并提示营业时间即将结束

第三章 有效激励，搞定各类店员

不同店员的性格、特质、行为方式等会有所不同，管理和辅导这些店员的方式也会不同。针对职业迷茫型、心态消极型、“老油条”型等各类店员，店长必须掌握激励店员的多种方式和技巧，才能极大地提升店员的工作激情和销售业绩。

①

“80后”“90后”员工为何这么难管？

“80后”“90后”员工难以管理，已经成为许多企业的普遍现象。是什么原因导致“80后”“90后”员工难以服管呢？对于这个问题，我个人的见解是，每个人一出生就被贴上了时代的标签，时代的大环境对于每个人会有深远的影响。我们只是一味指责“80后”“90后”员工不爱吃苦、难以融入团队、没有责任心、做事不踏实，可我们是否想过是什么原因造成的呢？

20世纪80年代出生的小孩大多是独生子女，习惯了在父母的保护下长大，所以，其优点表现为性格张扬、不惧权威、勇于挑战，缺点则是欠缺耐性、不擅合作、眼高手低。其实“80后”员工中也有许多精英，关键是如何了解他们、驾驭他们。

“90后”的家庭条件相对“80后”来说更优越，他们尚处在青春朦胧期，对生活、感情、工作充满着无限的幻想，甚至还在“做梦”。他们可能出现的最大问题就是理想化地看待社会，无法接受现实与理想的差距，所以一出点小问题就转身辞职的大有人在。

那么，“80后”“90后”员工如何管理？如何激励？一句话——将心比心，对症下药。作为管理者首先要了解“80后”“90后”员工平时在想什么，需要什么，他们渴望什么，再寻找用什么样的方式管理他们最能接受。

实战演练

S店的店长秦芬最近很受伤，原因就是店里的几位“80后”“90后”员工很难管。秦芬内心感叹着，为什么“80后”“90后”的员工如此缺乏服务意识、忍耐力、敬业、责任心、爱学习、吃苦耐劳的精神呢？

年轻气盛的孙童

孙童25岁，他的最大问题就是欠缺忍耐性和服务意识。

上周一位中年女性顾客到店里来买鞋，一看就是有钱、有地位且又挑剔的顾客。店里的鞋子双双都入不了她的“法眼”，她不仅东挑西选还指责店里的鞋子档次太低，配不上她的身份。孙童打心眼里看不上这位顾客的刁蛮性子，当她要孙童跪下来为自己换鞋时，孙童彻底爆发了：“爷不伺候你！你自己一边凉快去。”女顾客气得将孙童投诉了。秦芬找到孙童时，孙童还理直气壮地讲：“店长，我孙童也是人，人与人都是平等的，她凭啥这样使唤我？再说了，我也不差她这几个提成！老板要开除我，行呀！此处不留爷，自有留爷处，天生我材必有用，我还年轻呢，我怕啥？”看着孙童这副年轻气盛的样子，秦芬内心很明白：孙童这样的个性和处事方式，未来碰壁的道路还长着呢。

（点评：孙童最大的问题是什么？欠缺职业化意识。他根本不清楚自己作为一名终端店员应该扮演什么角色、提供什么样的职业价值、怎样为顾客提供标准化的服务，以及一名合格的店员应该具备的职业素养、职业化语言与行为。在家中，孙童是受父母宠爱的宝贝，可以任着性子处事；可是踏入社会以后，尤其是面对自己所服务的顾客时，他就不再是受宠的小孩，而是服务他人的工作者。可孙童的心态、意识与能力都没有调整到应有的职业化状态上。

店长要如何应对？秦芬必须要向孙童强调职业化的重要性，并让孙童培养职业化店员的意识和行为。

店长的改善行动如下——

第一步：店长应该向孙童示范，自己面对这样的顾客是怎样处理的。

第二步：店长要对孙童进行职业化意识、能力的培训与辅导。

第三步：店长为孙童提供可以学习的榜样，让孙童参照学习。

第四步：适当地让孙童受到一些小挫折，让他意识到人生必须学会忍耐。）

没有责任心的李巧

李巧是一个二十出头的年轻漂亮女孩。她最大的问题就是欠缺责任心。店长秦芬觉得，李巧可能从小到大都没有对任何事情承担过责任，所以她可以对一件天大的事情感到无所谓。

前天盘点时，李巧把鞋子的库存数量数错了。专卖店向总部要了六十多件新货，新货到店清理时，才发现搞错了。追究到李巧这里时，她居然说："店长，没啥，不就是60双鞋子吗？咱们退回去就好。"秦芬告诉她，她的行为给许多人带来了麻烦，比如说，司机白跑了一趟，所有店员晚上要加班重新盘点，而最要命是的，进那么多货过季了销不出去怎么办？李巧回答得非常轻松："没事，店长，不就是60双鞋吗？出了事，您说咋办就咋办！"秦芬看着李巧天真烂漫的样子，直摇脑袋。

最可气的是，昨天晚上，李巧最后一个离店，居然粗心大意忘了锁门。还好，店长一早来店里，店里的东西没有被盗。秦芬将李巧狠狠地批评了一顿，并要她写检查。李巧还特别委屈地对大家说："多大的事啊？不就是一时粗心忘了吗，东西都还在呢，有必要这么批评我吗？"

（点评：李巧最大的问题是什么？就是没有责任心。通常情况下，没有责任心由两个原因造成：一是从小到大，所有应该承担的责任都被别人代替，所以没有养成承担责任的习惯；二是犯错以后，从来没受到过处罚，所以认为犯错天经地义，理所当然，就算是错了又怎么样呢？她就从来没想过，自己的错误会给别人带来什么样的后果。

店长要如何应对？秦芬应该想办法让李巧意识到自己的问题带给别人什么样的后果，让李巧建立责任意识。当李巧的责任心建立以后，再细化李巧的责任行为，让李巧明白要具体怎么做才是有责任心的表现。

店长的改善行动如下——

第一步：让李巧主动向因为自己失误而造成麻烦的人道歉——首先让她面对与承认错误。

第二步：让李巧通过行动弥补自己的过错，比如主动承担重新的盘点，每天检查店门的安全等——行为上的纠错与习惯的养成。

第三步：清楚地向李巧讲明，工作中责任心的表现包括哪些具体的行为。比如说一名有责任心的店员会掌握自己的销售数据，当被问到今天的销售量时，能立即回答，心中有数。）

陈老师总结

最近在网络上做过一个调查，"80后""90后"的员工喜爱什么样的管理者，列排行榜前五位的要素是：

1.有亲和力，常挂一张笑脸。

2.乐意倾听我的感受。

3.双向沟通。

4.接受我的意见。

5.不是指责我，而是真心地引导我。

“80后”“90后”员工讨厌的管理者特征，列排行榜前五位的是：

1.动不动就骂人。

2.看不起人，低估新人的能力。

3.命令的口吻，从不询问员工感受。

4.只会罚款和监督员工的行为。

5.不公平，不会一视同仁。

可见，要管理好“80后”“90后”员工，店长的个人魅力与管理风格同等重要。先成为员工接受的管理者，再实施管理工作吧。

②

“老油条”型员工居功自傲，怎么办?

资历老、经验丰富的员工往往能力过人，如果运用得当可以在专卖店里挑大梁。然而，由于工作时间过久，或是欠缺适当的激励，老员工常常居功自傲，工作散漫，不听劝导，或消极怠工。面对“老油条”型员工，店长管也不是，不管也不对。

事实上，即使是“老油条”员工，也分为不同的类型。有的“老油条”无心工作，这山望着那山高；而有些“老油条”认为自己没有功劳也有苦劳，爱摆资格、架子。那么，怎样能让“老油条”员工充分发挥积极性，焕发职业的“第二春”呢?

实战演练

“花缤纷”饰品店的店长会议上，两位来自不同区域的店长凑在一起互相诉苦。原来，她们在为各自店里的“老油条”的管理头痛不已。

心不在焉的李姐

“花缤纷”饰品A店的李姐在专卖店工作近6年，一直是公司的资深骨干。最近工作状态消极，对店长分配的额外工作出现推拖现象。店长与其谈心时，李姐表示：自己在公司工作那么多年，公司对她也没有太多的照顾。自己的能力也没有太多的上升空间了，反正分内的事情做了就行了，年龄大了也没有太多的想法，就做一天和尚撞一天钟吧。店里的待遇和同行比起来也不是很好，如果有更好的地方，她早不想干了。最可气的是李姐近期的业绩不但不见提升，还持续下滑，她上班时间还偷着干自己的私事儿。她的行为让店长既恨又气。

（点评：李姐的问题不是激励的问题，而是去留的问题，这是店长必须要面对的。“留”方认为：李姐有经验，了解店里情况，总比找一个新人强得多。“弃”方则认为：李姐的行为不仅影响自己，还影响其他店员的工作干劲儿，不如换新人培养，发挥的作用更大。我个人的意见是：如果与李姐多次沟通后，李姐仍不愿意调动主观能动性，也不尊重公司的制度，这样的员工可以放弃。她毕竟是老员工，首先要尊重她，事先可以和她好好沟通。如果她的确觉得在这里已经没有上升的空间，自己做起来也没干劲儿了，那完全可以给她重新选择的机会。店长应该明白两个道理：第一，地球少了谁都照转；第二，强扭的瓜不甜。给李姐一次重新选择的机会，也是给自己店一次进优秀新人的机会。）

居功自傲的王姐

“花缤纷”饰品B店的王姐在其专卖店工作8年，算是资历最老的员工。王姐经验丰富，老顾客又多，她的业绩自然是最棒的。按理说，有这样的店员，店长求之不得。可是王姐最大的问题就是以“老功臣”自居。特别是面对店长的任务安排时，她总是意见最多，好像偏要和店长对着干。店长让王姐在节日前给VIP客户打电话问候，王姐偏说这部分客户发短信就行，不用浪费电话费。其他店员也觉得王姐总是指挥她们做这做那，感觉她是老板一样。鉴于她是老员工，新员工也不太好发作，一位新人受不了她的使唤还辞职了。对专卖店里的纪律，王姐也不太理会，多次迟到后，王姐对店长说：老总都知道我家的情况特殊，迟到几分钟没什么问题，这么多年了，都是这样的。

（点评：王姐的问题不是去留的问题，而是让她尊重和信服店长并有危机感的问题。王姐作为资深老员工，自我感觉良好。她的能干使得她没把任何人放在眼里，同时，她觉得没有人可以动摇她的位置。店长面对王姐这类“老油条”应该怎么办？

第一步：学会尊重。老员工的确与公司的成长密不可分。公司起步时最苦最累的活，都是老员工在干。他们是打江山的人，理当在与他们说话、做事时多些尊重。

第二步：制度管理，用制度去管理老员工。平时对老员工多尊重，但遇到制度问题时，要让老员工感受到不是我店长在刁难你，而是公司的制度在管理你。制度面前人人平等，所以王姐迟到时理当受罚。

第三步：利用竞争，使其具有危机感。一家店的成功可能在最初时是依靠某一个人或某几个人，但最终的成功靠的是团队和模式。王姐之所以可以“要挟”店长，是因为她认为自己的作用无人可以取代。如果店长懂得培养新人，员工能力成梯队式成长，使王姐感受到竞争与压力，她就不会再得意忘形。培养新人，也是专卖店长远发展的一剂良药。）

陈老师总结

在店里出现“老油条”型员工，原因如下：

1.老员工得不到成长空间。

2.老员工看不到职业未来。

3.老员工的职业化意识差。

4.没有对老员工的职业方向和人生规划进行引导。

5.老员工所处的环境缺乏竞争、培训等氛围。

如果在专卖店里员工能有学习与成长的空间，有人能对其未来的职业进行规划与引导。试想，老员工哪里会有机会变成“老油条”？他一定会在引导与激励下，不断焕发自己的工作激情。

所以，什么样的环境出什么样的员工。如果店长能把专卖店的环境打造得积极、健康、向上、规范，便没有“老油条”的成长空间。

③

怎么能让新店员快速融入团队？

一家专卖店的新人可能来自不同的群体，有刚毕业的学生，也有同行跳槽的员工。面对不同的新人，店长要考虑的首要问题是，怎么能让新人快速融入团队中，在心理上接受公司，在行为上尽快发挥作用，在情感上认同公司。我们曾经做过一项统计，一名新店员能很融洽地在团队中发挥生产力，平均时间为8周，这还算是比较理想的状态。在这8周里，还极有可能出现新人抵触、新老冲突、新人流失等负面情况。店长面对新人的加盟应该做些什么呢？

实战演练

“花缤纷”饰品A店近期来了一名高职刚毕业的新店员小王。小王到店第一周里基本上处于稀里糊涂找不到北的状态。虽说之前有培训过商品知识，可小王在面对顾客时仍然不知道从何下手。之前，小王也做过暑期促销临时工，可接触的同事并不多，因此，在面对与同事相处的问题时就像一张白纸。一天中午的吃饭时间，小王独自一人去吃饭，忘了告诉其他店员自己的行踪，害得其他店员到处找她。下午其他店员因为生她的气，都不答理她了。小王感觉被孤立了，晚上伤心地对店长讲，自己觉得快干不下去了。

（点评：刚毕业就入职的学生，最大的优点是对新环境充满好奇心、有强烈的学习欲望、渴望表现自己的能力，并且是一张白纸可以描绘最美最新的蓝图；最大的缺点是社会经验欠缺、人际沟通被动、抗批评与挫折的承受能力差、缺乏团队意识。面对这样的新人，店长要做些什么？

1.心理辅导：店长在与小王的沟通中要首先强调新人会遇到哪些问题。比如如何与店里的老员工主动沟通，如何请教问题，如何尊重他人，如何安排工作，怎样处理矛盾等。让小王可以预见到陌生的未来，有的放矢地工作，这样小王会比较有安全感，遇到问题也不会慌张和有挫折感。

2.拜师学艺：小王毕竟是新人，职业意识与专业能力都不足。所以，店长要为小王找到可以引导她入门的师傅，让师傅言传身教、传帮带。这时，就可以把老员工的作用发挥出来了。最好为小王安排一个拜师仪式，让小王在学习中学会谦虚与尊重“老人”。有人带领，小王也能快速融入团队了。

3.监督跟进：将小王拜托给师傅后，店长要定期跟进小王的表现，观察小王的业绩改善情况。对于小王的进步，要及时表扬与鼓励。发现小王的问题时要及时纠正，要让小王感觉到组织随时的关爱。

4.茁壮成长：当观察到小王可以独立工作后，店长就可以放心地让小王在专卖店里发挥作用了。如果再有新人进入，小王也可以扮演师傅的角色。）

“花缤纷”饰品B店近期也加入了一名新店员小林。小林之前在同行工作有4年时间，因为觉得“花缤纷”有新的发展和晋升机会，所以跳槽到了这里。小林在业务能力方面，上手速度非常快，到店的第一周就成了主力销售队员。但问题也出现了，小林因为在以前那家店待的时间比较长，所以很多思维与行为方式都套用原先那家店的风格。像迎宾语，小林就喜欢用以前店的方式说：“Hello，亲爱的看些什么？”店长提醒小林要改口，可小林说这是国际范儿，大牌都这么做。小林的嘴里，老是挂着“我们以前那家店”怎么样，听得其他同事都有些不耐烦了。某日，一位老店员听不下去了，直接对小林说：“小林，以前那家店那么好，你走什么呀？你就该回去接着做呀！”小林当时就来气了，找到店长一番理论，非说老店员不尊重她。

（点评：有过工作经验的员工优点是掌握工作快、行动能力强、自控能力与规范性强，能很快进入工作状态产生绩效。然而，突出的问题包括：难以接受新鲜事物，对新组织会有固有的看法，遇到问题可能会固执己见。面对这样的新人，店长要做些什么？

1. 沟通化解：店长在小林上岗前如果能预见到会出现这样的问题，就要事先与小林进行沟通，以化解可能出现的矛盾。店长要先将新团队的特点、氛围客观地告诉小林，并为小林分析每一位团队成员分别有什么个性特别点、扮演什么角色等，让小林心中有数。

2. 角色定位：店长要引导小林扮演好自己在新团队中的角色。不仅让小林了解其他店员的个性，也要引导店员熟悉和了解小林的为人和性格特点，让老店员可以接纳新成员。

3. 调整心态：小林总是提到以前的工作经历，说明小林还没有融入现在的团队中，或者说没有找到属于自己的位置。此时，店长要在与小林的私下沟通中，让小林意识到“在什么山，唱什么歌”，在新团队中找到定位才是正道。）

陈老师总结

管理上有一种“蘑菇效应”，是指蘑菇生长在阴暗的角落，得不到阳光，也没有肥料，自生自灭。有的蘑菇为此而失去了生命，只有那些长到足够高的蘑菇才会被人关注，此时它自己已经能够接受阳光了。“蘑菇管理”是部分企业对待新员工的一种管理方法。“蘑菇经历”可以是一件好事，它是人才蜕壳羽化前的一种磨炼，对人的意志和耐力的培养有促进作用。可是“蘑菇效应”也有着先天不足。对一些有真才实干的新人来说，“蘑菇经历”有可能耗费光阴，甚至有可能因不受重视(长在阴暗的角落里)，得不到必要的指导和提携(得不到阳光，也没有肥料)，而最终被埋没或离开。

④

对职业迷茫型店员该如何激励?

哈佛大学在1953年曾经做过一个关于“目标对人生结果影响”的实验。一群智力、学历、环境、条件都相差无几的学生走出校门之前，哈佛大学对他们进行了一次关于人生目标的调查。结果是：27%的人没有目标，60%的人目标模糊，10%的人有清晰但比较短期的目标，3%的人有清晰且长期的目标。

25年后，哈佛大学再次对这群学生进行了跟踪调查，结果是：3%有清晰而且长远的目标的人，大多数一直朝着同一个方向努力，成为社会各界的成功人士，他们不乏白手创业者、行业领袖、社会精英。10%有清晰但比较短期的目标的人，他们大多数生活在社会的上层，短期目标不断达成，成为行业里的专业人士，比如医生、律师、公司高级管理人员等。60%目标模糊的人，大多数生活在社会的中层或下层，尽管能够安稳地生活，但是没有取得什么成绩。27%没有目标的人，他们大多数生活在社会底层，十分不如意，不断抱怨社会和他人，经常失业，家庭也不幸福。

上述这个实验，足以证明目标在每个人生命中的作用。可是有明确目标的人总是少数，甚至有的人一生得过且过，没有目标，更谈不上有什么梦想。

人生中有时是需要在关键时刻由“贵人”指路的，店长怎样才能成为职业迷茫型店员生命中的“贵人”呢？

实战演练

“秋叶明”小家电电器店的导购何利萍在店里工作已经3年了。小何第一年表现还算比较积极，第二年开始业绩就一路平平，到第三年时她的积极性逐渐下降，失去了学习的欲望和上进的动力。公司举办的内部学习，小何也没要求主动参与，即使勉强参加了学习，也心不在焉。店长王亚娟看在眼里，急在心里。

店长找小何谈心时，小何表示其实自己刚到店里时也很有激情，可是越做越觉得前途迷茫。自己已经26岁了，对事业也没啥想法了，倒不如找个好老公，生儿育女好好过日子才是正道。

店长实在不愿意看到小何就此消沉，也希望小何能拥有真正幸福的人生，于是找小何谈心。

店长：“小何，如果按现状发展下去，你觉得自己5年后会是什么样的生活状态？”

小何：“如果维持现状的话，5年后，我还是在这家店里工作。和现在的男朋友结婚了，有了小孩。”

店长：“那你们的生活状态会怎样呢？”

小何：“生活可能不太理想，我和他的工资加起来还不够自己用，更别说养小孩、买房子。”

店长：“小何，店长把你当自己人才给你说实话。如果你按现在这样发展下去，也许连这份工作都会失去。逆水行舟，不进则退，如果自己不要求进步，很快会被新人比下去的。你才25岁，都不给自己规划一个方向、目标和未来。你以后怎么办？会更加茫然。”

小何：“店长，我也想优秀，可是我没啥目标呀！”

店长：“小何，你现在就是缺个方向。你现在必须给自己制定目标，包括你的学习目标、职业目标、生活目标。不用订得太长，就先订个两年的计划，让自己这两年充实起来，更有方向感。”

小何：“店长，我怎么定目标呢？”

店长：“小何，咱们店里一共8名店员，你的业绩老是排在第五六位，作为一名老员工，你至少应该在前3名。在销售方面，你可以徐佳湘为目标，平时多向他学习销售技巧，每月以他为赶超目标。”

小何：“好的，店长，那在生活方面呢？”

店长：“小何，你现在没有养成主动学习的习惯，知识面相对比较窄，如果你能主动学习，就能打开视野，兴许能建立起你新的职业想法与未来发展规划。你看店里的同事下了班有的去夜校学习，有的参加兴趣学习班，徐佳湘还报了成人大学的工商管理专业，他明确表示未来希望向管理方向发展。小何，我建议你去参加继续教育，在专业方面可以选择营销、策划、零售等方向。”

小何：“好的，我先了解一下学校和专业再做选择。店长，我真的要感谢你……”

（点评：店长在与小何沟通前已经准备好了对小何的职业规划、学习计划、工作目标等的建议，让处于职业迷茫期的小何有了新的方向。“当局者迷，旁观者清”，在迷茫期的员工的确需要前辈给自己一个清晰的指点。店长此时扮演的角色是多重的，她既是小何的职业引路人，又是工作的合伙人，同时还是生活的知心人。她的指导让小何很受用，给小何的建设性意见都是客观的、可操作性的、善意的。这样的沟通，会让小何感觉店长更可信、更亲近，更值得尊敬了。）

陈老师总结

生命因追求而精彩，人生因指引而成功。能为店员考虑较为长远的职业规划、学习计划、人生目标，这样的店长既真诚又受人尊敬。店长不仅是业务技能的带头人，同时也是店员生活、事业的指引者。给店员一个重要的人生忠告，兴许店员可以终身受益；给店员一个正确的指点，兴许会改变店员的人生。

1.职业规划的6个步骤：

第一步：确定职业规划的完成期限。

第二步：整理出期限内的目标，渴望达到的位置和待遇。

第三步：分析现在的优势、劣势、机遇与挑战。

第四步：分析可能出现的阻碍及克服的方法。

第五步：将目标细分成年度、月度小目标。

第六步：寻找到可以整合的资源。

2.预见未来的自己：

3年后的我

3年之后，我___岁了。我所在的行业是____，我从事的工作是____，我的岗位是____，我的年收入____。

这3年来，我学习了____专业，掌握了____能力，具备了____素养，获得了____证书。

3年之后，我存款有____元，到国内____旅游，去了国外的____旅游。

3年之内，我为父母做了哪些事？

____

3年之内，我为爱人与子女做了哪些事？

____

3年之内，我为自己做了哪些事？

____

3年之后，我的身体状况_____，我的居住环境_____，我的幸福程度_____。

3年之内，我的其他计划：

____

我承诺，我会在3年内达成以上目标。

承诺人：________

时间：________

注：请店长先完成上述表格，并对自己做个承诺，完成后也可以指导你的店员共同预见与计划未来。

⑤

面对心态消极的“不可能”型员工怎么办？

职场中经常遇到心态消极、张口闭口就说“不可能”的员工。一个团队中如果有这样的人出现，这个团队把事情做成功的概率就很低。一开始大家觉得可能是因为运气不好、方法不对，最后才发现原来是那个“不可能”员工影响了大家的情绪。当我们准备做一件事情时，如果一开始就认为那是不可能达成的，最后结果往往和我们预料的一样；如果一开始我们便抱有必胜的信念，结果总是比我们预期的好很多。

专卖店如果有了这样的“不可能”店员，他的消极情绪就会像流行感冒病毒一样迅速传播。如何将这种病毒清除，保持店员积极的心态呢？店长起着至关重要的作用。

手机扫描二维码后，输入“DJCD04”，您将看到视频“辅导员工最有效的方法演练”。

实战演练

“不可能”店长

“秋叶明”电器店最近来了一位新店员小米，不到两个月大家就私底下给她取了个“不可能”的外号。事出有因，小米虽说年龄不大，可心态很是消极。每次店长安排她做事，她总是有句口头禅“根本不可能，这是办不到的……”，然后就是一大堆的理由，她的负面情绪就像感冒病毒，迅速在专卖店里传播。

周末店长让大家去派单，目标是每人派送300张。小米叫唤着：“根本不可能，这是办不到的。”店长问理由。小米说：“一个人，两只手，怎么派得过来？”本周的促销活动，店长的业绩目标是16万元，小米又叫唤上了：“根本不可能，这是办不到的。”问她理由，她说：“以前促销业绩从来没有突破过12万元，这个目标有问题，我担心完成不了。”今天开晨会时，店长要求每位店员在本周之内开发4位VIP客户，小米又习惯性地叫开了：“根本不可能，这是办不到的。这周天气不好，进店客人本来就不多。”店长看着小米直摇头，这样的店员怎么带呀？

（点评：心态消极的人，其思维方式中会储存着某些情绪不健康的因子，心里老是想：如果失败了怎么办？如果被人笑话怎么办？如果被人拒绝怎么办？如果被人埋怨怎么办？这些不良情绪憋在心里很难受，所以要通过讲述发泄出来才能平衡内心，而这样的行为总是影响着周围的人。店长面对情绪消极且有“群体杀伤力”的店员，要学会隔离、控制与教化。

第一步：隔离。如果该店员的消极情绪非常严重，又属于无法教化的类型，店长可考虑是否还要继续留用，否则，影响群体的情绪就损失巨大了。

第二步：控制。店长适度控制店员的消极情绪，不讲消极话，不做消极事。比如某家店有店规，如果有店员一旦说出“不可能”3个字，立刻交20元的水果基金。

第三步：教化。店长通过给店员制定目标、教授方法，鼓励店员树立积极的心态。）

陈老师总结

店长要自身心态积极，然后再去感染与影响他人。

1.心态积极的人，会看到事物有利的一面：

挑剔的顾客虽然难搞，但是他教会我成长；

老板虽说批评我，说明老板在意我的表现；

奖金被扣了一半，不还有另一半可以用吗；

业绩差别人一大截，说明我还有进步空间；

遇到难以管理的店员，这正是锻炼的机会。

2.心态积极的人，会以自我控制为主：

我们改变不了环境，但我们可以改变自己；

我们改变不了事实，但我们可以改变态度；

我们改变不了过去，但我们可以改变现在；

我们不能控制别人，但我们可以把握自己；

我们不能预知明天，但我们可以把握今天；

我们不能左右天气，但我们可以改变心情；

我们不能选择容貌，但我们可以展现笑容。

⑥

对能力强但态度差的店员该如何辅导？

态度积极、能力卓越的员工走到哪里都受企业的喜爱，可放眼望去这样的员工数量并不多，大部分员工态度好、能力低，或是能力高、态度差，或者能力、态度均差。店长要有意识地按照态度、能力两个维度去识别自家的店员是属于哪一种类型，再对症下药进行辅导，推进员工都朝着态度好、能力高的方向努力。

实战演练

“金鸣”连锁药店店长莫莉手下的3位店员各具特色，如何引导和驾驭他们，一直是莫莉关心的问题。

孙悟空型的夏晓雨

夏晓雨是3位店员中业务能力最强的，做事雷厉风行。尤其是刁难的客户，只要交给小夏，他总能搞定。店员陈曼丽把一位集团客户批量采购的药品给订错牌子了，集团客户气得要取消订单，小夏出马与对方的采购经理沟通，又是洗脚又是吃饭，还跑到人家家里去认错致歉，把采购经理搞得舒舒服服，最后还和他称兄道弟，不仅没有取消订单，还多订了几批货。因为这事儿，小夏在店里成了“英雄人物”，也从此自鸣得意起来。

能力和业绩突出的小夏问题也不少，对店长的管理总是要求特殊化对待。早上店里的清洁没做好，按规定要受处罚，小夏觉得自己的能力特长不是用来做清洁的，只要业务好，这些事都应该交给其他店员做。中午规定的吃饭时间，小夏也总是超时，按规定也要受处罚，可小夏认为自己的业绩从来没受吃饭时间长的影响，店长不应该拿这来和他说事。每月的绩效考核打分，有一栏是“店员态度”的评价，店长把小夏这一栏的分打得很低，小夏就不依不饶地找到店长理论：我业绩好，就说明态度好呀，要是态度不端正，我业绩能上去吗？其他店员态度再好，没有业绩，我们的店能活下去吗？

店长起初对小夏还能容忍，可是一再容忍之下，小夏变本加厉地要求特殊化了。店长既害怕影响小夏的业绩，又担心批评过头导致小夏撂挑子走人。

（点评：面对孙悟空型的员工只一味忍耐是不行的。店长要驾驭能力强但自控能力差的员工，得向唐僧学习软硬兼施、恩威并重的管理技巧。）

陈老师总结

店长如何驾驭“能人”？

1.包容之心：西天取经要是缺了悟空，就算师父唐僧目标再坚定，也很难到达西天。悟空也正是因为自知能力高超，才没把任何人放在眼里。现实生活中，能力很强的人，基本上都会在性格特质的某些方面有所突出，而过分突出就成了缺点，甚至是致命伤。所以，店长要明白一个道理，越有能力的人，其优点相对应的方面问题就越大，就像悟空虽功夫一流，但冲动鲁莽。因此，店长首先要有一颗包容之心，学会容纳能人的缺点。否则，店里都是庸才，虽个个听话，但出不了任何业绩。

2.恩威并重：唐僧对待悟空不仅有包容的心胸，也有恩威并重的管理。悟空打小没爹没娘，却从师父的身上感受到了亲情般的温暖。师父把悟空打死的老虎做成衣服送给悟空，从石头缝里蹦出的猴头哪里经得起这番感动。可是，光是激动也管束不了他的野性，该给他安上紧箍时，师父也能下得了狠手。现实管理中，店长就得学会“萝卜加大棒”的管理，对于孙悟空这样的员工，就应该让他们明白：在获得更多的利益之前，遵守规定是很重要的。

3.开阔视野：能力强的员工之所以自命不凡，也是由于“井中之蛙”没有看到一山还比一山高。如果能看到比自己能力更强的榜样，会再次激发出他们的“战斗欲”，激励他们努力超越，在比较的“打击”下调整心态，看淡自我。

7

对能力差但态度好的店员该如何辅导?

若遇到态度端正但能力欠缺的员工，店长首先要懂得识别，态度端正是“真”端正还是“假”端正。“真”端正的员工能力只是一时欠缺，其实心里是憋了一股劲在暗自发奋；而“假”端正的员工，只是表面上言听计从，而行为上却从来没有企图去改善现状。

店长面对“真”端正的员工，则要因人的能力、特点而异制订辅导计划，与员工共同达成业绩的超越。在辅导员工时，店长要学会耐心与爱心兼具，并辅以技巧。培养一个人成长不是一日之功，也不是一蹴而就的，需要分阶段、分步骤、分目标地进行。

实战演练

前面提到，“金鸣”连锁药店店长莫莉手下的3位店员各具特色，如何引导和驾驭他们，一直是莫莉关心的问题。

沙僧型的王小朵

王小朵在“金鸣”连锁药店里算是口碑挺好的一名店员。她为人老实、乐于助人，从不与人争执，就算是吃点亏自己也忍了，不爱计较得失。王小朵的为人虽让店长放心，但她在店里的两年时间里，销售业绩却总是提不起来。王小朵不太爱说话，不太会沟通，销售的时候要么话不多，要么说错话。有一次她接待一位购买胃药的顾客，顾客问她有没有价格便宜疗效又好的胃药，她直接就说：“价格便宜效果又好，是不可能的。”顾客一听就不高兴了，还好夏晓雨上来打圆场，顾客才买了心仪的药品走了。

店长认为王小朵的工作干劲还是值得肯定的，每次清洁扫除、盘点库存她总是留到最后，也做得最好。如果遇到要给顾客送货上门的事，她也从不推拖。只是这销售能力也非一日之功，这样的店员到底如何培养呢？

店长不是没有想过办法。晨会的时候让王小朵给大家念报纸，鼓励她锻炼表达能力；给王小朵买讲授终端销售技巧的书，让她利用业余时间学习。可一个月下来也不见王小朵有什么起色。店长急了，再这样下去，王小朵就算是态度再好，销售能力不行也让人头痛呀！

（点评：店长意识到王小朵的问题是工作态度端正，但销售能力欠缺。可是店长并没有清晰地分析出王小朵的销售技能到底是差在哪里。王小朵的问题不仅是表达能力欠缺、沟通技巧差，更重要的是她在心态上并没有强烈的企图心。只有当她的企图心建立起来以后，再培养她的表达能力、沟通技巧与销售步骤才会产生效果。如果只是一味地培养技巧、能力，而没有从心态上突破自我，也会事倍功半的。）

陈老师总结

王小朵是态度很好但就是出不了业绩的“好人”，如果不能及时转换为“有能力的好人”，终将是庸才。如何培养像王小朵一样态度端正但能力欠缺的员工？

1.心态建设：王小朵在销售的过程中缺乏主动推进力，也就是“企图心”。

她在工作中不是以业绩为导向，而是以人际为导向，认为只要店长认同她、店员们喜爱她、团队接纳她，她就高枕无忧。这就使她更加强化了去做个“好人”而非“能人”的观念。店长此时的心态引导就显得极为重要，店长要让王小朵意识到：人际相处固然重要，但最终衡量一个店员的指标还是业绩。

2.阶段培训：王小朵的能力培养是分阶段性的，不能一蹴而就。店长应该为王小朵这样的员工设计一个阶段性的成长计划。

员工个人销售能力提升季度培训计划

培训时段	培训题目	培训提纲	达成效果	培训师	培训方式	考核方式
4月中旬前完成	导购的积极心态	1.导购的积极心态 2.导购的企图心建立 3.导购的目标导向 4.树立业绩为王的意识	培养导购的积极心态与推进力	外聘或公司内部培训师	内训	写“学后感”
5月中旬前完成	销售技巧与步骤	1.服务顾客的6个步骤 2.销售过程中的4个环节 3.如何处理销售中的异议	1.让导购掌握销售过程中的推进步骤与语言技巧 2.能正确地引导顾客选购与消费	公司资深销售顾问	内训 店内实战演练	店内实战演练由店长模拟考核
6月中旬前完成	沟通技巧与标准话术	1.如何与不同性格的顾客沟通 2.如何与不同需求的顾客沟通 3.与顾客沟通的标准话术	1.让导购掌握与顾客沟通的技巧 2.让导购掌握与顾客沟通的话术	公司资深销售顾问	内训 店内实战演练	店内实战演练由店长模拟考核

3.过程辅导：除了阶段性的培训以外，店长也可以将培训放到工作实践中进行，平时从旁观察店员在销售中的表现，发现问题立即纠正，并做出正确的示范。当员工在示范中掌握后，店长再监督其养成习惯。

店长应掌握OJT（on the job training）培训法。这是一种在工作现场内，由上司和技能娴熟的老员工通过日常工作，对下属、普通员工或新员工们就必备的知识、技能、工作方法等进行教育的培训方法。

第一步：说给他听。辅导者告诉员工此工作的目的与重要性，让员工高度重视的同时知其然也知其所以然，并将怎么做说一遍给员工听。

第二步：做给他看。辅导者一个步骤一个步骤地操作给员工看，过程中强调重点、难点，表述方式能够让员工理解。

第三步：做给你看。让员工参照示范的方式从头做一次，给辅导者看。员工一边做一边表述，好让辅导者明确员工是否真正掌握，并对不当之处予以纠正。

第四步：养成习惯。辅导者从旁观察，员工在进入工作状态后是否已经将此方法熟练运用，并督促其养成习惯。

8 怎样赞美店员才有效?

有一个经典的案例：韩国某大型公司的一名清洁工，本来他的岗位很容易被人忽视甚至看不起，但就是这个人，却在一天晚上公司保险箱被窃时，与小偷进行了殊死搏斗。当被问及他的动机时，他的答案出人意料：“公司的总经理从我身旁经过时，总会称赞一句‘你扫的地真干净啊！’”正是这么一句简单的赞美，使这位员工感动到要“以身相许”，所以他为了公司的利益能不顾个人的生命安危。由此可见，赞美的力量何其伟大！

这个世界是不缺乏美的，缺的往往是一双发现美的眼睛。生活中的朋友、家庭中的伴侣、工作中的伙伴、自己最爱的子女，都需要你的真诚赞美与鼓励。请记住：真心的赞美可以使白痴变成天才，而恶意的批评会使天才变成白痴！

实战演练

徐雷的赞美

“水果天地”连锁店的店长徐雷是一位不苟言笑的管理者，其业务技能强是大家所公认的。可徐雷最大的问题是他很少表扬员工的优点，即使想表示赞美员工听着也像是在批评。比如，店员何曼虽说是一位小女生，可干起上货这类粗重的活总是尽心尽力，徐雷想表扬两句却又不知道如何说，半天憋了一句：“小何，你虽然个头不高，但力大于牛，跟个男人似的。”小何听了苦笑着说：“店长，我就那么没女人味吗？”

店员丹丹总想将水果陈列得更有新意，于是把苹果、梨、香蕉搞了个创意组合，很是吸引顾客的眼球。可是由于陈列不得法，到下午的时候梨全都从货架上掉下来，还碎了几个。店长徐雷见了就怒气冲天地嚷嚷：“丹丹，你有时间做点

手机扫描二维码后，输入“DJCD05”，您将看到视频“和员工沟通的询问技巧”。

正事不行吗？整天搞这些中看不中用的。”丹丹一脸委屈对其他店员讲：“下次我再也不搞创新了。”

开月终总结会，徐雷当着大家的面，对销售冠军李芳菲说：“李芳菲，你的优点我就不说了。我重点说一下你的缺点。你做事马马虎虎……”店长细数了李芳菲不少的问题点。李芳菲一听就来气了，心想凭什么只说我的缺点呀？

徐雷的管理风格，在店里引起了店员们的诸多不满，大家在背后私下给他取了个外号叫“李铁面”。在他的影响下，店员们的激情仿佛没以前那么高了。

（点评：徐雷作为店长的最大问题是管理风格过于强硬，缺乏柔性。没有及时给予员工赞美与鼓励，即便是赞美也没有把握好赞美的原则与时机。店长赞美店员时要做到——

1. 及时性。员工做得对的时候要及时表扬，及时表扬可以让员工清楚自己对在哪里，并强化自己的优点。

2. 细节化。表扬要抓住要点。何曼上货认真卖力，店长可以说：“小何，别看你长得娇小，可是每次上货都使出全身力气，货品也堆放得稳当、仔细。我很欣赏你做事的认真劲！”小何听到这样的表扬，心里甭提多开心了。

3. 公开化。公开的赞美可以使一个人能力翻倍，而公开的批评会使人心生记恨。中国人是好面子的，伤了面子，关系就难处了。徐雷在面对销售明星李芳菲时，不提优点，只谈缺点，还在公众面前让李芳菲下不来台，李芳菲的积极性被严重打击了。因此，店长不仅要表扬员工，还要懂得公开化的赞美才更有力量。）

陈老师总结

店长要怎样赞美员工才能发挥赞美的最大力量呢？

××总的看来……最值得欣赏的是……然后有点

小遗憾是……如果……会更好。希望未来……

我们拿丹丹的例子来做个示范。

徐雷在晨会上说："丹丹，总的看来你的陈列很有新意，也很别致。最值得欣赏的是，你把3种水果巧妙地搭配在一起，多样化的色彩很能吸引顾客。然而有点小遗憾是，陈列的时候没有注意到商品的稳定性和顾客拿取时的方便性，如果能够在下次陈列时增加稳定性和减少摆放数量的话，效果会更好。丹丹，希望以后能充分调动你的艺术细胞和美学修养，想出更多有创意的陈列方法。"

试想一下，丹丹听到这样的表扬加评价会是怎样的心情？她不仅能意识到自己的问题，还能在店长真诚的鼓励下工作热情越来越高。

9

批评员工时要掌握哪些技巧？

赞美是正面激励，批评是负面激励，两者兼而有之，才能推动员工的进步。但是在现实的生活、工作中，有时由于没有掌握批评的技巧，使批评不仅没有达到效果，反而适得其反。因此，批评也是一门艺术，只有掌握了这门艺术，才能使被批评者不仅认识到自身的问题，还能有效改善，甚至对批评者感念终生。

实战演练

适得其反的批评

"美至尊"珠宝A店的店长谷雪批评员工时从来都口无遮拦。早上店员孙和雅把销售数据写错了，谷雪当着大家的面就批评孙和雅："小孙，你小学数学没毕业吗？32400元和3240元中间差距有多大？你做点事儿怎么这么不小心呢？我看你算工资从来没算错过吧？下次要是再出错，你就回家把小学数学重学一遍再来！"孙和雅脸上青一阵、白一阵的。

下午，李姣姣在接待顾客时，怠慢了等待售后服务的顾客。谷雪见顾客有点不高兴，扯着嗓子就批评李姣姣："小李，你动作快点行不？你没看见陈姐已经等你很久了吗？你平时看见吃的跑的速度可不像今天这样呀！你属蜗牛的吗？"

李姣姣本想理论一番，忍了忍，算了。

晚上关店时，店员开始收拾道具，张东抬桌子时叫上几个女店员一块抬。谷雪看到后又叫开了：“张东，你还是男人吗？我看你动作怎么像女人呢？这桌子你一个人抬不行吗？”张东一时冲动质问店长：“店长，你看不惯我哪儿了？”谷雪：“就看不惯你，怎么着？就感觉你这人不靠谱！”大伙立即把张东和谷雪给分开了。

店员们离店后，聚在一起议论谷雪。大家的一致意见是，如果不是这家店待遇好，早不想干了，谷雪说话太伤人，如果找到更好的地方，他们立马走人。

（点评：谷雪犯了评批员工的许多禁忌，包括说话伤人自尊、当众评批员工、批评时对人不对事，所以店员对其深恶痛绝。

店长在批评员工时，要做到以下几点——

1. 不伤人自尊心。

2. 不当众发脾气。

3. 不带个人色彩。

4. 不戴有色眼镜。

5. 不指责其性格。

6. 不对人只对事。

7. 不要事实不清。

8. 不要只骂不教。）

陈老师总结

1. 批评员工时，店长可以运用以下语言模板：

（1）yes…but…yes（“是的……但是……是的”三明治式批评方式）

举例：“小张，我觉得你的售后服务做得很到位，尤其是钻饰的清洗细节处理得特别好。只是在清洁后，没有把保养技巧清楚地告知顾客。如果你再把佩戴的注意事项给顾客讲明，那你的服务就会更棒。小张，加油，我对你有信心。”

（2）yes…and…（“是的……并且……”给员工新的选择的批评方式）

举例：是的，小张我能理解你当时遇到这位刁难顾客时内心的愤怒。换作是我，同样会非常生气。其实当时你若是忍一忍，事情就不会扩大了。你说呢？

（3）yes…if…（“是的……如果……”换个角色看问题的批评方式）

举例：是的，小张你当时的急切心情我能理解。试想一下，如果你是顾客，在遇到这样的问题时，你会怎样想呢？”

2.评批员工时要让他们明白错在哪里，并知道如何改进。

错误的方法：

“小孙，你太缺乏团队精神了。”（小孙会想，我哪里缺了呢？凭什么这样说我呢？）

正确的方法：

“小孙，昨天我看到新员工询问你商品价格时，你让她去问别人了。下次遇到这样的事情，你要主动解答她的疑问，这样新员工会更快地融入团队。作为团队的一员，你要起到教育新人的作用。”（这样的批评，使小孙知道自己的团队精神缺在哪里，要怎么改进。）

错误的方法：

“小孙，你性格太内向了，平时不爱讲话。你大方点行不？”（小孙会想，我性格内向怎么啦？外向就一定好吗？）

正确的方法：

“小孙，我觉得你的商品知识是很丰富的。有机会可以多跟大家交流，彼此可以学到更多的知识。我们其实非常需要你的帮助。”（这样的指导，小孙会非常乐意接受。他会想，原来是我平时和大家交流少了，大家还是非常需要我的。短短几句话，让小孙获得了被重视的感觉，这样的批评非常有艺术性。）

⑩

如何利用头脑风暴会解决问题？

店长不仅要掌握一对一辅导店员的方法，同时还要掌握对整个团队进行心态调整与技能提升的方法。一个优秀的团队一定是热衷于学习与进步的团队，店长在团队中除了充当带头人的角色，也是学习氛围的缔造者。店长要善于通过组织店员会议的方式来提升团队的整体能力，解决团队中出现的问题。

实战演练

“美至尊”珠宝B店的头脑风暴会

“美至尊”珠宝B店的店长顾兰是会议组织的高手，她经常在店内组织头脑风暴会议来解决专卖店遇到的棘手问题。顾兰觉得这种方法很能提升团队士气，培养店员主动解决问题的能力，在互动中形成良好的学习氛围。

昨天临街的其他珠宝店发生了顾客在店中被盗的事件。一位中年女性顾客在选择珠宝时，钱包被小偷偷走了。中年女性顾客便在店中大吵大闹，要求店家赔偿损失，原因是店员没有提醒她，以致自己被盗。这事很快在街道中传开。顾兰认为虽然这事发生在其他店里，但自己店的员工可以引以为戒。于是，顾兰利用休息时间主持召开了一次头脑风暴会。

顾兰：“昨天临街店被盗事件大家已经知晓，今天我们的头脑风暴会主题是怎样避免类似事件发生在我们店里。这个主题昨天已经告知大家了，相信大家昨晚也有过思考。现在就挨个儿发言，由麦冬负责记录，并最终形成我们的决策。”

曼玲：“店长，我建议凡是顾客进店时，我们的招呼声音量提高八度。这样可以让顾客警觉，也起到震慑小偷的作用。”

陆峰：“我们可以在专卖店显眼的地方多张贴些警示牌。”

麦冬：“我们可以在播放音乐的过程中，增加防止小偷的语音提示。”

玲玲：“我觉得顾客进店时，我们就应该悄悄地提示他们，注意，有小偷哟，小心钱包。”

玲玲此话一出，大家都笑了。曼玲忙说：“不行，不行。你这样做，岂不是把顾客都吓跑啦？如果进来的本来就是小偷，那更是打草惊蛇。”

顾兰：“说过好几回了，头脑风暴时，不要指责别人的回答。你的答案可以在别人的答案上进行叠加。”

曼玲：“对不起，玲玲，你的建议挺好。我觉得不用每一位都提示，如果我们发现有可疑的人物，可以引导顾客到其他地方选购。”

顾兰：“很好，大家的建议都不错。现在我们确定哪些可以用。第一，大家提高警惕；第二，店里增加警示牌；第三，我给总部建议背景音乐中增加防盗语言；第四，我们要善于观察和提示顾客。麦冬做好会议记录，作为我们团队新人学习的资料。”

头脑风暴会议在短短20分钟内结束了，店员们回到各自的岗位上继续工作。

（点评：顾兰的头脑风暴会有以下几点可以借鉴——

1.能抓住时机教育与引导员工。

2.让大家提前思考，有所准备。

3.店员们畅所欲言，不嘲笑别人的建议。

4.形成会议记录，作为团队的学习资料。

5.控制节奏，不占用太多时间。）

陈老师总结

头脑风暴会是一种提升团队创新力的好方法。它既可以规避个人英雄主义，也可以提高解决问题的效率，更能让店员们有主动承担责任的意识，值得每一位店长在自己的店里推广。

1. 头脑风暴会的操作流程：

第一步——确定议题。店长可以寻找店里亟待解决或长期无法根治的问题作为议题。

第二步——会前准备。事先让店员们明确主题，做好资料的准备工作。

第三步——确定人选。一般以5~15人为宜，人数不宜过多，否则发言机会不均。

第四步——明确分工。由主持人负责组织会议，由记录者负责记录发言内容。

第五步——规定纪律。比如要集中注意力，要积极发言，不要消极旁观，不要私下议论；发言要针对目标，开门见山，不要太客套；与会者相互尊重，平等相待，切忌相互贬低，更不能嘲笑别人的观点。

第六步——掌控时间。时间太短，创意还没产生出来，时间太长又容易疲倦，以20~40分钟为宜。

2. 头脑风暴会成功的要诀如下：

（1）畅所欲言。参加者不要限制思路，可以大胆想象，与众不同。

（2）禁止批评。批评会扼杀创意的激情。

（3）重在质量。不是追求创意的数量，而是追求创意的质量。

⑪

对刺头型店员该如何引导?

刺头型店员时常是店长的“眼中钉”，恨不得将其拔掉，可是又很难除掉。这类员工往往在公司里有着稳定的地位，在某些方面——或人际关系，或背景身家，或个人能力等方面有过人之处，因而店长虽想铲除却未必能除掉。面对刺头型员工，店长不能硬碰硬，否则可能自身难保，店长要懂得驭人之术才能促使其转化的道理。

实战演练

刺头型店员吴姐

“蓝色佳人”服饰店的店长安琪，一直对店里的老员工吴姐不满。吴姐是公司的元老级店员，因此，从不把其他人放在眼里，还时时扮演着刺头的角色，让安琪在管理时无所适从。安琪将吴姐的情况多次反映给老板，老板总是说：“吴姐在专卖店最困难的时候都没离开过，现在店里业绩好了，不能就把人家给开了吧。咱们做人不能忘本的。”吴姐有了老板这把尚方宝剑，更加得意忘形。

后来发生了两件事，安琪彻底坐不住了。按公司规定，早上9点钟要打开店里所有的灯，做好迎宾准备。吴姐一到却把全部灯关掉了。她的理由是：“一大早开灯，多浪费电呀！电不要钱吗？老板赚钱多不容易呀！等到12点，人多了再开灯。”公司规定店员要化淡妆上班，吴姐第一个反对，理由是：“清水出芙蓉，咱们不是卖笑的，不用化妆上班。”吴姐一个人不化妆也就算了，可还教唆其他店员反对，搞得店长权威感大失。不仅是这两件事，吴姐对店长的管理要么视若无睹，要么聚众反对，搞得安琪连离职的心都有了。安琪也不知道吴姐到底是看不惯自己呢，还是自己哪里做得不对呢？

（点评：吴姐是典型的刺头型员工，抵触管理者、个人主义为重、挑拨团队关系。管理者固然可以将刺头型员工通通开除以保持团队的单纯性。可是，听话型员工未必能创造好的业绩，刺头型员工也未必一无是处。）

陈老师总结

店长在面对刺头型员工时要把握几个要点：

1. 保持距离。为防止刺头型员工恃宠生娇，店长要与刺头们保持一定的距离，刺头一旦犯错，绝不能纵容。

2. 尊重面子。刺头最好面子，店长切莫在公众面前让刺头失了脸面，否则刺头会搞得店长自己也下不了台。

3. 私下交流。如果店里要推行新政策，店长考虑到刺头可能要抵触，可以私下与刺头沟通，获得刺头的支持。在台面上，要发挥刺头的带头作用，至少让刺头不要闹事。

4. 明确底线。无论刺头们有何种背景，管理者都要让刺头们明白做人与做事的底线在哪里。刺头们多少会有所收敛。

事实上刺头往往是有欲望心与好胜心的人，如果善加运用，可以为自己的团队创造更多的价值。

⑫

怎样应对斤斤计较型店员？

团队成员都不喜爱和斤斤计较的人相处，总觉得与斤斤计较的人在一起难免会吃亏。可总会有一小撮员工精于算计，有的计较工作时间，有的计较收入得失，有的计较工作量多少。遇到爱处处算账的店员，店长也会变得算计起来。可令店长头痛的是，在团队中也不是每一笔账都能计算清楚的。

在爱算账的店员面前，店长应开诚布公地交流，将店员的重心从关心利益得失转向关心绩效结果。

实战演练

斤斤计较型店员玛丽

“春之花”服饰店的玛丽是店里最会算账的员工，她不仅对数字敏感，也是出了名的爱计较得失。比如有一次发工资时，玛丽质问店长为啥她的工资这个月少了1块钱。店长复算下来发现，原来玛丽的工资计算时四舍五入把尾数那4毛钱给省略了。可玛丽觉得收入是日积月累的，这个月少了4毛，前两个月也都少了几毛钱，3个月加起来就少了1块钱了。这1块钱怎么都应该补给她。

玛丽一点不吃亏的算计真是让店长既好笑又可气。

（点评：玛丽的行为的确是太过了，过分计较得失的员工往往是得不偿失的。一个人如果一生不肯吃小亏，那注定这辈子要吃大亏。面对计较型员工，店长除了要将账算清楚以外，还得让她明白一个道理：“吃得了亏，打得拢堆。”处处与人计较，最终吃亏的是自己。试想哪家企业会接受这样的员工？哪个同事会愿意与之相处呢？没有开阔的心胸，走到哪里都不受人欢迎，更不要说融入社会了。）

陈老师总结

遇到斤斤计较的员工，店长一定要遵循三大原则：

1.公平在先。在计算收入、分派工作、分配利益时，一定要讲究公平原则，公开透明。如果存在信息的不对称，计较型员工就一定会挑唆闹事。

2.奖惩分明。计较型员工做事前，一定要先向其讲明奖惩的方式与计算的方法，让他做到心中有数，以免最后闹得不欢而散。

3.注重绩效。爱算账的员工对金钱的渴求度比常人更高，既然爱财，这样的员工就更容易被激励。店长要将员工“算钱”的劲头转化为“算绩效”的劲头。比如，与其分析如何可以获得更高的绩效，进而获得更高的金钱奖励。这样，员工在工作中更容易以绩效为导向。

⑬

激励店员有哪些方式和技巧?

物质激励更有效还是精神激励更有效？这是老板、管理者、员工永恒关心的问题。管理者若是能找到适当的刺激物作用在员工身上，员工必定产生巨大的动力与绩效。问题的关键是，管理者所寻找到的激励活动对员工有效吗？即使是眼前有效，长期有效吗？即使是长期有效，效果会递减吗？

激励员工的物质与精神手段要相辅相成，在企业的不同发展时期、员工的不同成长阶段，激励的形式、重点都可以是动态变化的。核心的问题有3个：一是企业知道员工想要什么，第二是员工知道如何获得，三是双方的目的都可以达成。

实战演练

吃得变味的生日蛋糕

“良品优屋”食品连锁店已经开拓了三十多家连锁店面，员工也有上百人了。为了体现企业对员工的关怀，公司从创业之初就为每一位过生日的员工赠送生日蛋糕一个。创业初期员工的工作热情高涨，凝聚力强，小小的一块蛋糕礼轻情意重，员工特别能感觉到公司的关怀。公司成立6年以来，生日发蛋糕的模式就从来没有改变过，员工对此也颇有微词。有的员工认为蛋糕根本就不营养，吃多了还容易长胖；有的员工觉得发蛋糕不如发色拉油实惠；有的员工则建议公司直接发钱。本来是一件激励员工的好事，现在却变了味。

（点评：这是典型的激励失败案例。“良品优屋”的失败，在于激励方式过于单一，没有变化，更没有抓住员工的需求。这样的激励即使是花了钱也没有产生任何激励作用。员工的需求随着时间、地位、空间的变化而动态发展，“良品优屋”可以调整策略，将物质激励的形式多元化。要了解员工热衷于什么，看重什么，兴许两张电影票、一本有价值的书比蛋糕更有意义。）

奖励员工也感谢父母

“晴多味”海鲜品连锁店的激励方式颇有人情味。年终员工聚餐时，公司不仅奖励优秀店员奖金红包，还将优秀员工的父母请到聚餐现场，坐在上宾位置。总经理亲自给员工佩戴大红花，并派发奖金红包。对于员工父母，总经理也亲自派送红包，并颁发感谢状，感谢状上用明晃晃的烫金字写着：“感谢伟大的父母为社会培养了一位优秀的孩子！祝你们健康长寿。”台上的投影仪不断播放着这名员工辛苦工作的情景，接到奖金与奖状的父母则在台上深情发言，感谢公司对孩子的栽培，并鼓励孩子在公司长久发展。其情景颇为感人，不少员工流下热泪。没当选为年终优秀员工的店员也激动地表示，在新的一年里一定要好好干，争取出人头地。

（点评：“晴多味”激励员工，既抓住了物质激励又抓住了精神激励。“奖励员工，更感谢父母”的仪式，不仅满足了员工的物质需求，也让员工充分感受到自己辛苦的工作成果被企业、家庭、社会所认同。所有参与仪式的员工都能感觉到自己的努力不会白费，能获得的不仅是物质回报，还有其他同事的尊重、羡慕，以及父母的荣耀。）

陈老师总结

上述两个案例说明了激励员工时要遵循的原则。有的店长会说：我手中的权力有限，现金奖励不是我能做的事情，而是老总们去思考的问题，作为店长，我没有太多的物质激励方法。事实上，员工来一家企业是因为“公司”，而离开一家企业是因为“上司”。上司如果对管理与激励做得不好，企业就算是做得再好，员工也感觉不到温暖。店长其实可以开拓一下思路，不用花多少钱，甚至不用花钱，同样可以激励员工。

店长激励店员的8个小技巧：

1.随时真诚地赞美员工工作做得好。

2.请员工小吃一顿，花钱不多，却有了一次与员工交流心声的机会。

3.自制生日卡，与其他店员一起为过生日的员工制作一张亲笔签名的生日卡，上面写满大家的温馨祝福。

4.倾听员工的建议，并着手改善，公开表扬员工的建设性意见。

5.温馨家宴，请员工到店长家里聚餐，店长亲自下厨为员工们做可口的饭菜。

6.新人欢迎会，新员工到店后，所有老员工在晨会时为新人齐唱欢迎歌。

7.拜师仪式，新人向“老人”学习时，举行一个拜师仪式，让新人懂得感恩，让“老人”尽心尽力辅导新人。

8.看望家人，员工直系亲属如果生病，店长带领店员前往看望与慰问。

⑭

销售奖励是个体提成还是团队提成?

在终端团队中如果奖金分配问题没有处理好，会极大影响店员的工作热情。除了固定的底薪以外，大家最关心的就是提成了。店员们当然觉得提成的比例越高越好，鉴于销售产品的品类、销售的淡旺季、经营的区域不同，提成比例均会有不同程度的浮动，这点员工们完全可以理解。但是销售业绩既包括个体行为，也包括团队协作。到底应该按个体销售业绩来提成，还是按团队来平均分配呢?

无论是分开提成还是团队提成，必须把握两点：一是利益分配方式要尊重企业的发展阶段，企业生存永远是第一位的；二是提成方式以尽力提升员工干劲为目标来设计。

实战演练

提成方式的选择

“玲珑丽人”女性饰品店包括店长在内一共有5名店员，老板希望5名店员能充分调动主观能动性，于是决定采用个人提成的方式奖励员工，谁的销售额多，当月的提成奖金就高。本想用这样的激励方式可以充分调动员工的积极性，结果没想到店里出现了严重的“抢单”现象。只要顾客一进店，所有店员便一哄而上，抢着接待。如果遇到需要其他同事配合拿货、补货的情况，店员之间根本不会合作。因为没有了相互的配合，反而影响了最终的业绩。

（点评：注重店员个人提成，的确会极大提升店员的销售热情，但缺乏团队合作会导致对销售以外的事情店员都不会上心，更不会协作、配合，团队氛围和整体业绩就会受到打击，这是单独提成必然会遇到的问题。）

于是老板将提成方式调整为团队提成，也就是将每个班的店员产生的销售业绩平均分配。提成方式一变，员工的行为方式立即产生了改变，大家开始互相协助，有的销售、有的补货、有的做售后，还真和谐了一段日子。可没过多久，又出现了问题：同一班的员工有的销售能力强，有的销售能力弱。销售能力强的员工觉得特别不服气，自己的业绩做得好，凭啥要和那些销售业绩差的员工平均分配提成呢？业绩能力差的员工则由于被人冷眼瞧不起，工作起来压力也特别大。没过多久，就搞成能力强的人不服、能力差的人日子难过的局面了。

两种提成方式都有问题，那么到底用哪种提成方式来激励员工呢？

（点评：团队平均提成的方式的确可以提升团队的协作性，但容易出现的是大锅饭现象，尤其是店员的能力参差不齐时容易打击先进、保护后进员工。）

陈老师总结

是否有一种两全其美的方式，可以既提高个人的工作积极性，又维护团队的协作氛围与团队精神呢？下面给出一种解决思路。

1.人员少的团队，建议采取相对简单的个人提成方式。每个班人数不多，也就一两名员工，这样可以极大调动员工的积极性，也不会形成太多的矛盾点。

2.人员较多的团队，建议采取团队提成的方式，但“团队平均提成”与“个人奖励PK”要相结合。

（1）团队平均提成：在提成中有一部分是“平均提成”奖金，可以保证团队成员间的彼此配合，形成融洽的团队氛围。

（2）个人奖励PK：为保证每个个体的积极性不会受打击，在专卖店里设立激励店员干劲的单项奖励。

奖项	说明	作用
客单价奖	分档次奖励每天客单价超过××元的员工。如： 客单价 1000元，奖励 20元 客单价 1500元，奖励 50元 客单价 2000元，奖励 80元 ……	激励店员提升客单价的意识
月PK奖	奖励每月销售业绩的冠军团队 如：每月销售冠军团队，奖励 200元	激励团队之间的竞争，增强团队意识
VIP办理奖	每月VIP办卡数量办理最多的团队，奖励200元	鼓励团队增加VIP数量
VIP回头奖	每月VIP销售最多的团队，奖励200元	鼓励团队增加VIP的服务热情与服务技巧

以上设计的提成方式的确能极大提高店员的积极性与团队精神。这样的提成方式要取得最终的成功，关键是企业老板的认同和物质支持。

第四章 善于沟通，增强团队凝聚力

团队中难免出现一些冲突或者纷争，对整体氛围和销售业绩产生负面影响。店长要善于沟通协调，或防患于未然，或妥当处理、及时化解一些消极情绪，从而提升团队的凝聚力和战斗力。

①

店长该怎样打造高绩效团队？

团队要想发挥最高的价值，团队凝聚力起着关键的作用。目标再明确、道路再清晰，如果团队成员各自为政、各怀心事，也无法达成既定的目标。店长可以先判断一下，自家店的团队现状是属于以下哪一种类型。

（1）1+1=2：相安无事，彬彬有礼。

（2）0<1+1<2：貌合神离，问题成堆。

（3）1+1=0：双方斗气，躺倒不干。

（4）1+1<0：矛盾激化，互相拆台。

（5）1+1=1：你全干，我就不干了。

（6）1+1>2：发挥优势，取长补短。

如果不是最后一种类型，就请反思团队的问题到底出在哪里，如何提升店里的团队凝聚力。

实战演练

“爱儿宝”A店的高昂士气

“爱儿宝”母婴用品连锁A店，自从3个月前更换了店长，团队凝聚力空前高昂，不仅业绩有所增长，店里包括清洁、形象等各项指标也都大幅改善。

督导虹雨找到新店长卢慧巧，请小卢总结经验，小卢向督导叙述了刚到这家店时的情形。那时店里业绩并不理想，店员相互间很少沟通交流。在遇到需要清洁店面、清理库存、报销售数据等工作时，店员们表现得并不积极，还互相推诿。尤其是店里丢了一件价值四百多元的儿童玩具时，所有店员都觉得此事与自己无关。如果有员工需要协作，其他店员也置之不理。于是小卢决定在店里烧起“三把火”。

第一把火：工作自豪感。小卢觉得店里的员工并不认为自己的工作有多大的价值，无非是“混口饭吃”而已。于是小卢找到一位与她关系非常好的VIP客

手机扫描二维码后，输入“DJCD06”，您将看到视频“店长传递热情的效果”。

户，专程来店里感谢大家。这位顾客的小孩因为吃了不适合的奶粉，发育不良，还经常拉肚子；而上次来店时店员们认真地了解了她的情况，给她选择了一款非常适合她的孩子的奶粉，她的宝宝现在不仅发育很好，抵抗力也增强了。她打心眼里感谢大伙，还给大伙送来了水果。这次与顾客的互动，使店员们意识到了自己的工作价值，后来对工作更仔细了。

第二把火：团队目标感。小卢觉得店员没有团队目标感，似乎并没有找到要凝聚在一起的理由。于是小卢为大家塑造了一位“假想敌”，就是离他们最近的另一家爱儿宝连锁店。小卢要求店员们从销售业绩、顾客进店数量、VIP数量、客单价等方面与另一家店竞争，如果能在3个月内超越竞争店，她就为大家申请周边旅游的奖励。店员们被小卢的激情所感动，都投入到了竞争中，并表现得非常协作。

第三把火：团队沟通会。小卢觉得店员平时沟通交流的机会很少，于是找机会把大家召集到自己家里聚餐。她借机谈了自己的想法，提醒店员要像一家人一样相互关怀。在吃饭的时候她还特意安排平时相处不太融洽的员工坐到一块相互交流。这次聚会后，店里的氛围明显改善了。

店长的“三把火”把店员们的凝聚力、热情度、目标感彻底激发了出来，店员们对未来充满信心。

（点评：卢店长的优秀在于，她能意识到自己的团队存在问题，并力求改进。她在融入新的团队中时，积极去寻找调和团队的方法，而非陷入是非去激化矛盾。卢店长的三把火——“工作自豪感”让店员们寻找到了团队与自身的工作价值，使店员建立起工作成就感；“团队目标感”让店员们树立了超越的目标，心往一处想，劲往一处使；“团队沟通会”使店员们敞开心扉、消除成见、相互了解，彼此的关系更融洽了。这“三把火”使店员们紧紧地抱成了团！）

陈老师总结

店长都渴望自己有一支高绩效的团队，那什么样的团队才能算得上高绩效团队呢？

1.高绩效团队的标准：

（1）团队规模比较小，一般不超过10人。

（2）队员有互补的技能，能取长补短。

（3）团队具备共同的目标。

（4）团队成员充满热情与活力。

（5）团队成员知道通过何种渠道达成目标。

（6）团队成员之间相互信任，勇于承担责任。

2. 店长在打造高绩效团队时可以做些什么？

（1）确定专卖店的目标，并随时通过会议、平时沟通等给店员们强化目标的重要性。

（2）发现团队成员的差异化优点，根据店员的优点分派最合适的工作。比如让算账能力最强的员工记账。

（3）通过一些仪式，如晨会、头脑风暴会、晚会，调动团队成员的热情。

（4）组织店内的学习会，让优秀的店员帮助落后的店员成长。

（5）举行小型聚餐、周边旅游等活动，增强彼此的了解。

（6）组织活动关心困难员工，到困难员工家看望、走访等。

2

店员对收入不满而议论纷纷，该如何协调？

在团队中，成员之间常常会相互攀比：老板更看重谁？谁的收入更高？谁的能力最强？谁平时做的事最多？……在比较时如果心理不平衡，就容易产生是非和矛盾。

员工比较收入时往往会采取横向比较和纵向比较相结合的方式：一方面比较自己的付出和回报是否成正比，另一方面比较别人的付出与回报是否成正比。如果两者都公平，则产生公平感；如果一方面有所偏差，显失公平，则会产生不公平感。怀有不公平感的员工自然会消极对待工作。

因此，在对待员工因收入问题发生的冲突时，要让员工在比较中产生公平感。

实战演练

“爱儿宝”B店的内讧

“爱儿宝”母婴用品连锁B店，近段时间员工间内讧很严重，导致工作效率大幅下降。原因其实说来也很简单，几位店员私下议论自己的工资收入不公，彼此间搞得关系不和，还找到店长李欣当面理论。

店员张文英，质问店长为啥自己的销售业绩和孙丽一样，而自己这月的收入却少了一百多块。孙丽虽然工资是店里最高的，可也对自己的工资极不满意，她也质问店长，为啥自己承担了店里更多的工作，包括VIP客户的统一管理、库房货品的记录与检查、促销活动的组织等，自己的工作相当于副店长（虽然公司没有这样的职务）却没有半点管理补贴。连新员工曹敏都不满意自己的收入，她觉得自己虽然还在试用期，可是自己的用餐、交通补贴都比正式员工低，很不公平。

员工们个个对自己的收入不满，上班下班都在议论这事儿，工作中也因而带着情绪，行动上开始推诿。其实店长李欣也试图改变现状，分别找店员谈心，可是店员们觉得待遇问题没有解决，讲得再多也是白费时间。

（点评：店长李欣应该做到以下三点——

1.确保自己不要牵扯到矛盾当中去，更不能和店员一起计较待遇，否则会把问题搞得更复杂，将自己推到公司的对立面去。

2.求助于有影响力的外援——人力资源部经理或是老板。他们是待遇的设计者或拥有最终解释权的人，请他们来向员工解释待遇的结构、考核的方法等，更有影响力、说服力。

3.在专卖店里形成工资待遇不公开的习惯。管理严格的公司都有规定：严禁在公司里讨论关于工资待遇的事情，否则一旦发现就会处罚或开除。）

陈老师总结

员工被激励时会存在满意和不满意两种情感，美国心理学家赫兹伯格提出的双因素理论论证了这一观点。

在激励员工时一类是能促使员工产生工作满意感的因素，被称为激励因素，包括富有挑战性的任务、工作成就感、员工的才能得到欣赏、获得晋升的机会、获得学习与培训的机会等。员工能获得上述激励，便会增加对工作的满意度。

另一类是促使员工不产生不满的因素，被称为保健因素，包括公司的政策和制度、行政管理、工资发放、薪酬福利、劳动保护方法、工作监督、各种人事关系处理等与工作环境相关的因素。这些因素处理得当时，员工不会不满意，而一旦处理不当，则会导致员工极度不满意。

店长作为基层的管理者，应如何运用双因素理论呢？

1.店长运用激励因素的方法：

（1）给店员安排具有挑战性的工作，如派单、橱窗设计与制作、销售话术设计。

（2）对店员进行鼓励。如在晨会中公开表扬与赞美员工，将优秀店员的事迹告知老板或更高层面的管理者，让员工获得更多的认同。

（3）工作责任的承担。如让资深老店员承担培养新员工的责任等。

（4）学习与培训的机会。如推荐员工参与公司或外部机构的培训和学习。

（5）晋升与提拔的机会。如向公司、老板推荐优秀的店员向更高的管理岗位提升。

2.店长运用保健因素的方法：

（1）向员工做好公司制度的解释与说明，让员工理解并遵守制度，而不是与公司对立。

（2）向店员解释薪酬与福利的计算方式，但在店内坚决不讨论员工的薪酬与福利，并随时提醒员工不能违规。

（3）协助店员处理好店员间的人际互动，主动化解矛盾。

（4）做好劳动安全与劳动保护的宣导工作。

③

店员因私事而影响了工作情绪，该怎样调节？

拥有良好的心情，工作会更有干劲儿，生活更添乐趣。正常人总会有七情六欲、喜怒哀乐，也难免将坏情绪带到工作中，影响业绩。店长不仅要控制和调整好自己的情绪，还要帮助员工梳理和控制好情绪。店长要擅长传递正面的能量与积极的心态，并学会调整情绪的好方法。

实战演练

失恋33天的江阳

失恋后的一个月里，江阳一下子瘦了五六斤，上班的时候也魂不守舍。以往干活、待人特别热情的江阳，突然之间变了一个人似的，话也不多说了、活儿也不想干了。这两天还老和客人发生口角冲突，下午还差点和一位男顾客动了手。

面对迟迟走不出失恋阴影的江阳，店长张姐既心痛又着急。心痛是觉得小伙人品和能力都不错，缘分不到挺可惜的；心急是担心江阳总恢复不了正常的工作状态，影响店里的绩效。张姐主动找到江阳谈心，骂也骂了，劝也劝了，还给江阳推荐更好的女孩相亲。可江阳啥都听不进去，张姐彻底犯难了。

（点评：员工，尤其是年轻的员工，爱将生活中的情绪带到工作中，高兴的时候热情百倍，消极的时候被动怠工。店长若不能成为员工情绪的管理者与调剂者，就只能眼看着店员被情绪牵着鼻子走。那么店长应该怎么做呢？——协助江阳走出坏情绪的阴影，建立新的生活与工作目标。

“疗伤”方式包括以下几种：

1.转移目标。推荐江阳参加业余时间的学习或兴趣班，通过改变环境转移目标。

2.情绪释放。压抑后的坏情绪需要获得释放，释放坏情绪的健康方式包括旅行、爬山并在山顶呐喊、参加朋友的主题聚会等。

3.真诚安慰。通过同事、朋友的鼓励，帮助江阳重获自信。

4.体育运动。户外是体力放松与心情放松的好方式。

5.问题归因。江阳失恋后会寻找原因，归因分析是保证心理健康的关键。如果江阳将失恋原因归结于自己太差、自己没能力、女人都不可信，那会对他未来的婚恋观产生负面的影响，并让他对自己失去信心。如果他将原因归于“其实不是我不优秀，而是双方不合适”“我还不太成熟，通过学习与时间的磨炼，我会更优秀”“她有更好的选择，只要幸福就好”……那么他会很快从阴影中走出来，恢复正常的工作和生活状态。）

陈老师总结

店长要成为员工情绪的管理者与调剂者，在专卖店中成为正面情绪的引导者。

专卖店情绪管理有三个方面：

1.留意观察店员情绪与团队情绪。店长平日要留心观察员工的情绪变化和团队的情绪变化。发现员工有因个人原因而引起的情绪问题时，要帮助员工分析原因，倾听员工的个人感受，引导员工尽快走出负面情绪。

2.聚集专卖店正面的情绪能量。店长要随时保持微笑与激情，通过赞美、鼓励调动员工的积极性，用正面的情绪感染员工。

3. 团队中的情绪互动。店长定期组织店员参与健康活动，比如户外旅游、唱歌、聚餐、团队主题谈心与交流等，在专卖店里营造积极向上的风气。

4 如何将离职员工的负面影响降到最低？

当员工告知管理者自己要离职时，其实他已经走完了离职员工的所有心路历程。从怀疑自己是否适合公司，到分析自己是否可以拥有更好的平台，再到不舍离开，然后是痛苦的挣扎，到做出离开的最后决定。所以，当员工正式提出离职时，管理者要想挽留员工就很难了，大多数员工去意已决。若在员工离职前管理者就发现他的情绪动态、思想意识，将员工稳定在团队里的可能性就很大。

通常离职员工的情绪都会表现得比较低落、不稳定，甚至会在离开之前传递一些消极、负面的信息而影响留下来的员工。店长要在离职员工离开公司前的这段时间里做好必要的情绪梳理与行为指导，并做好留守员工的信心坚定工作。

实战演练

离职前的一周

在“伟业”服饰做了四年多的店员蒙青青已经办了离职手续，一周后就要正式离职跳槽到其他公司上班了。离职前的这几天里，蒙青青不仅消极怠工，还在专卖店里向其他员工传递不良信息，极大地影响了其他店员的工作情绪。

店员张晓波向店长张姐反映，蒙青青说自己早就看不惯公司的管理了，公司哪点都比不上自己找的新东家，新东家待遇高、福利好、管理还很松，建议大家都跳槽去新东家。这些话听得张晓波心里痒痒的，其实有这种想法的并非张晓波一人，其他员工或多或少都受了蒙青青离职的影响。

店长张姐觉得自己有必要和蒙青青沟通一下，可是对如何达到沟通效果张姐也没有太多的思路。

（点评：员工在离职前对待公司的态度一般趋于两种状态——要么是“人之将死，其言也善”，以往的种种恩怨都烟消云散，多说些公司的好话，让留在公司的人安心；要么就是把自己的种种不满统统发泄出来，搞得公司鸡犬不宁。无论遇到哪一类员工，店长都要做好员工离职前的情绪梳理和离职面谈工作，以安抚离开的人，稳定留下的员工。）

陈老师总结

店长如何做好离职员工的情绪管理呢？

首先，店长要在平日里观察店员的动态，不要等到员工要离职了再来安抚，为时晚矣。员工在离职前会有一些心理和行为上的变化，比如情绪变得消极、做事变得怠慢、开始留意其他企业的动向、主动希望和店长谈心、做事迷茫、缺乏目标等。店长如果发现员工有这些表现，要及时沟通和疏导。

当店员确定要离职时，店长要做好离职员工的面谈工作，以保证离职员工情绪稳定，站好最后一班岗，传递正面的信息。

离职面谈的流程如下——

第一步：了解店员离职原因。这样才能“对症下药”。张姐了解到蒙青青觉得公司待遇不如新东家、在公司四年没有得到发展空间，并且认为新东家的管理更宽松。

第二步：离职面谈的氛围营造。张姐找了一个不被打扰的时间和安静的环境，与蒙青青谈心，开场时将氛围调整到轻松的状态，不开门见山直入主题，而是先问一下小蒙：“最近身体如何？”“家里小孩的成绩怎样？”“听说最近要和老公去旅游，想去哪里呢？”让小蒙有了轻松感再进入主题。

第三步：倾听员工离职原因。店长在沟通时要多用开放式的问题以倾听员工的心声。开放式的问题比如：“小蒙，给张姐说说你离职的原因吧！”“小蒙，你离开后有什么打算呢？”“小蒙，你对张姐有啥建议呢？”“小蒙，你对公司有啥建议呢？”在这个过程中让员工将不满、愤怒、意见统统发泄出来，以免当面不说，背后乱说。

第四步：引导离职员工承诺。店长通过引导让离职员工做出离职前的行为承诺和态度承诺。比如："小蒙，在离职前的这一周里，就自己的专业和大家交流一下，好吗？""小蒙，公司的制度、保密条款、薪酬待遇你要保密，不要对外宣传哟！""小蒙，你找到了更好的发展平台，我们都为你感到高兴。不过，其他员工会继续留在公司发展，你多给他们一些安慰和鼓励好吗？你的鼓励对大家很重要哟！"

第五步：离职前的行动计划。店长为离职人员做出最后一段时间的工作计划，让其发挥最大的余热。张姐将蒙青青离职前一周的工作计划交到小蒙手中，内容包括：教给店内新人销售技巧、整理VIP客户信息、感谢曾经帮助过自己的人、给专卖店提一些建设性意见。

第六步：认同与感谢。店长要认同离职人员的成绩，并表示感谢。店长张姐对小蒙的成绩予以肯定："小蒙，四年来，你做了很大贡献，我们都看在眼里，并对你表示感谢。希望未来的时间里，你能多宣传公司的好，并私下给我提建议。"

如果店长能正面引导离职的员工，那员工在离开时就会降低负面情绪，传递正面的能量。

⑤

店员与老板沾亲带故，该如何应对?

管理"皇亲国戚"的难点在于：拿制度管理吧，老板一句话，制度无效了；拿人情管理吧，其他员工觉得不公平。店长夹在中间是两头受气。有认死理儿、讲原则的店长被开除了，原因就是被"皇亲国戚"打了小报告；有灵活应对的店长被老板骂了，原因是员工觉得店长不公平。店长应该怎么办呢？一句话："在哪个山，唱哪个歌。"

实战演练

家鸡打得团团转，野鸡打得遍地飞

"星云月"饰品专卖店已经营六年多了，业绩还算稳定。老板孙某在六年的经营中总结了一个用人的道理：家鸡打得团团转，野鸡打得遍地飞。

孙某发现外面招的员工很多是靠不住的，要么待遇要求高，要么跳槽频繁。孙某觉得自己家的亲戚虽然能力一般，但是老实、忠诚，可信度高。于是，六年来孙某一直任用自己的家人来打理。“星云月”只有一家店时管理问题并不突出，毕竟都是一家人，什么都好商量。可是随着分店越开越多，管理问题日益突显。比如新来的店长姜超，管理员工简直是无所适从——送货的司机晚到了，想说两句，可他是老板的小舅子；收银员收错了钱，想批评两句吧，可老板侄女的态度比自己还横；导购销售能力差，想换人吧，老板却推说自己的姐姐比较可信，好歹给安排个工作。店里新的制度、新的管理方式，店员们并不介意，也无人理会。此时的姜超感到十分无助。

（点评：作为“空降兵”的店长，要融入家族企业的团队并获得他们的信任与认可，的确需要时间，并有一定的难度。在面临家族企业团队时，店长首先要有心理准备，客观看待家族企业的成长，并找准自己的定位。在面对家族老员工时，一方面要通过一些手段获得他们的认同，比如让他们实实在在地看到店长的管理能力，店长在行动上以身作则做好表率作用，店长建议的一些提升业绩的方法得到了实效的改善。另一方面，店长也要取得老板的信任，获得一些权力上的支持，让家族成员产生敬畏之心。否则，店长很难在这样复杂的关系中生存。）

陈老师总结

店长首先要客观地认知家族企业的发展历程，不要一味认为家族企业都是不好的。孙老板的店能做到今天，有很大一部分原因是家族成员的齐心协力与相互配合。只是随着企业的发展，家族成员的意识、能力跟不上发展了，所以表现出了对新的制度、新的管理方式、新的管理人员的否定和抵触。

作为店长，姜超不要太过勉强孙老板能一步登天地给企业“改朝换代”，那是不现实，也是不理智的，毕竟企业在用人时举贤不避亲。社会上有能力的大有人在，但并非每一位人才都是企业可以驾驭的人，如果没有忠诚度与信任度，用起来也可能是一场灾难。对于企业“皇亲国戚”的“老人”，要感念他们曾经的付出，还要协助老板辅导他们成长。一个有见识、理性、有眼光的老板，是会懂得在“新人”和“老人”之间进行调和的。

同时，店长要做好表率，对于公司推行的新制度、新规定，要以身作则、讲究原则，当然，也要理解老板在处罚员工时的矛盾心情与复杂心理。

如果姜超认为孙总的确有向规范化企业改变与调整之心，那么就坚定信念和老板共同打拼下去，逐步获得老板的认同，成为老板值得信任的员工。如果姜超感觉多年以来孙老板只重用自己的家人，并无超越与规范之心，也无变革之心，也不妨另谋高就。

⑥

一日之计在于晨，晨会怎么开才精彩？

店长不要小瞧晨会的作用，更不能忽视晨会的价值。一日之计在于晨，良好的开始等于成功的一半。晨会的作用相当于吹响了终端店员一天作战的响亮“号角”；晨会中的教育与训练成为终端店员的“充电器”；晨会中的唱歌、舞蹈成为鼓舞店员志气的“拉拉队”；晨会中的沟通与宣导则是终端店员不良情绪的“调节器”。

实战演练

商越公司为“青春力量”潮流服饰店设计的晨会实施手册如下所示。

顾客平均年龄：16~30岁

晨会主题：激情飞扬 青春力量　共创梦想

晨会时间：早上8：30—8：50（营业前20分钟）

晨会流程：

第一步——鼓舞士气

1.店长大声宣布：“晨会时间到！”店内员工30秒内集合完毕，掌声响起。

2.店长响亮整队：“向左（向右）看齐，向前看！稍息、立正、跨列！”所有店员听从指令。

3.店长点名，检查店员仪容仪表和考勤状况，点到名的队员大声叫“到！”。

4.店长带头宣读企业文化：

我们的口号是（店长）——激情飞扬！青春力量！共创梦想！（店员）

我们的愿景是（店长）——将国际时尚带给青春的追求者！（店员）

我们的价值观是（店长）——诚信、健康、环保的生活态度！（店员）

我们今天的销售目标是（店长）——8万！8万！8万！（店员）

5.店长带头齐唱店歌和跳店舞：《青春力量之歌》（店长和店员）。

第二步——总结经验

1.店长总结昨天的销售业绩目标达成情况。

2.店长简要总结达标情况或未达标原因。

3.店长对优秀员工及事迹进行表扬。

4.店长指导员工学习卓越的销售技巧与服务技巧。

例："昨天在各位的努力下，我们店完成了9万元的销售业绩，超过目标20%。主要原因是昨天新货上市，又逢周六促销活动，我们的促销准备工作又充足。特别要提出表扬的是李云笛，她昨天为一位挑剔的顾客搭配了一套深冬的流行装，得到了顾客的称赞。我们要学习李云笛创新的意识与搭配的美感。尤其是她将淡蓝色的衬衫搭配我们新上市的深蓝色牛仔，还外加了一套深褐色的羽绒服，既有协调的美感，又提高了客单价。"

第三步——持续改善

店长提出营业中的改善意见。

例："周末顾客流量较大，因此要注意顾客接待中人手不足的问题，昨天的营业过程中我发现有顾客高声询问但没有导购接待的现象。今天，我们要调整一下午餐的时间，将午餐时间推迟一小时，希望得到大家的理解。"

第四步——宣布政策

1.宣读公司的新政策。

2.宣读公司的促销政策。

例："公司春节的补休时间调整如下……今天我们店的促销政策是，新品原价买200送80，80元不能返现，可用于任何商品的消费。"

第五步——竞争对手分析

店长分析竞争对手的促销策略与应对方式。

例：“旁边的‘流行强档’服饰店这3天做特价促销3~6折，对我们的销售冲击比较大。如果有顾客问到我们的价格为啥比他们的贵，大家的参考回答是：‘对的，他们的价格的确是比我们的低，但我们的是当季新品，走在世界流行时尚的前沿。特价商品主要是去年或多年前的款式了。您不妨试一下，我们当季刚推出来的巴黎时尚系列。请看这件……”

第六步——明星发言

可以邀请明星店员分享销售技巧。

例：“昨天的销售中，闫维的客单价创了4000元的新高。我们请闫维来分享一下成功的秘诀。”

第七步——晨会故事

店长准备一个智慧小故事，让员工获得启发与成长。

例：“今天给大家讲一个关于火车票的故事。有一个人经常出差，经常买不到对号入座的车票。可是无论长途短途，无论车上多挤，他总能找到座位。他的办法其实很简单，就是耐心地一节车厢一节车厢找过去，每次都用不着走到最后就会发现空位。像他这样锲而不舍找座位的乘客实在不多。大多数乘客轻易就被一两节车厢拥挤的表面现象迷惑了，不大细想在数十次停靠之中，从火车十几个车门上上下下的流动中蕴藏着不少提供座位的机遇；即使想到了，他们也没有寻找的耐心。

这个故事告诉我们：在生活中，安于现状、不思进取、害怕失败的人，永远只能滞留在没有成功的起点上，这些不愿主动找座位的乘客，大多只能在上车时最初的落脚之处一直站到下车。自信、执著、富有远见、勤于实践，会让你握有一张人生之旅永远的坐票。

第八步——企业文化

1.爱的鼓励：对其他店员有意见的请当面提出。

2.在店长的带领下形成“队雕”，员工手拉手，队长大喊“我们的目标是8万”，然后所有店员大声齐呼：“加油、加油、加油！”

3.鼓掌后离开。

陈老师总结

对于晨会，光有流程是不够的，店长要想在晨会中起到煽动性的作用，其影响力、表达力、身体语言也尤为重要。

店长在晨会时的表达要做到：

1.注意表情——面带微笑。

2.注意呼吸——腹部发音。

3.注意姿势——抬头挺胸。

4.注意吐字——字正腔圆。

店长要掌握炉火纯青的晨会技巧，就要反复练习、实战、改进。

⑦

怎样让无所事事型店员忙起来?

更多的店员会喜欢充实忙碌的一天而非无所事事的一天。工作一旦充实起来，店员就会更投入、更有成就感，甚至能感受到工作中的乐趣。人闲是非多，一旦员工空闲下来，不是聊“张家长，李家短”，就是制造矛盾。所以，店长要善于让员工“忙”起来和“动”起来。比如利用空闲的时间，调动起员工学习或工作的激情，有步骤、计划地朝着业绩目标迈进。

回想一下，在工作中店员们有打堆聊天的现象吗？有找不到事干的情形吗？或者有专卖店生意不好，店员们无精打采的时候吗？如果有上述情况存在，作为店长，你就要施展自己的力量，让大家“忙”起来了。

实战演练

“忙”也是一门管理艺术

“佳美”厨具专卖店的店长付珂，很能在专卖店里调动店员的工作激情。“佳美”所经营的厨具是德国的高端品牌，价格较贵，所以平时到店里来的顾客量并不大。有时候，一天都没几位顾客，因而店员们要么心灰意冷认为生意不好；要么被动等待听天由命，空闲时间店员经常在一起热火朝天聊明星八卦或是说某某店员的是非长短。付珂看在眼里，急在心里。虽说进店客人不多，但是也不能让空闲时间这样白白浪费。于是付珂在店里制订了“4个强化”的计划。

1.早上强化知识。

开完晨会后的9：30—10：30，这1小时是客流量较少的时间。付珂要求店员利用这1小时学习销售技巧、销售话术、客户心理。付珂制订出学习计划，并分派成每天的学习内容，当班的3位店员互相抽背销售话术与产品知识。

2.中午强化手艺。

中午11：30—13：00，顾客进店的数量有所增加，同时，中午也是店员制作美食，通过气味吸引顾客的最佳时间段。所以，付珂让资深店员在中午向初学的店员传授用餐具做菜的技巧。这不仅促进了店员间的内部学习，还吸引了顾客驻足观看，引发了顾客的购买兴趣。

3.下午强化VIP。

下午3：00—5：30又是客流量的低谷期，付珂安排店员们在此时间段进行VIP专场讲授。店员们通知VIP客户，尤其是其中的家庭主妇到店里来参加“精品菜品尝会”，向VIP客户传授菜品制作技巧、营养健康知识、厨具的使用和清洁技巧，还赠送给VIP客户清洁剂和调味品。家庭主妇们会邀请自己的朋友参加，这不仅巩固了老客户，还开发了潜在的新客户。

4.晚上强化业绩。

晚上7：30—9：30是客流量的高峰期，也是导购们冲业绩的最佳时间段。因此，全部员工全力以赴接待顾客，冲业绩。

付珂的“4个强化”将店员的空闲时间全部调动了起来，发挥了最大的作用，他的方法在“佳美”专卖店里被广泛推广。

（点评：付珂不是被动地等待业绩，或是对店员的无聊视而不见，而是主动思考如何利用闲暇时间创造更多的工作价值。他的“4个强化”抓住了问题的关键，值得店长们举一反三。）

陈老师总结

店长不能对店员们的无所事事视而不见，更不能觉得让店员们忙起来是压榨员工的休息时间。员工只有忙起来、动起来，才能体会到工作的成就感。

总结一下，让店员忙起来、动起来的方法有哪些呢？

1.学习类：

（1）学习商品知识。

（2）情景模拟传授销售技巧。

（3）分析顾客心理，并进行情景演练。

（4）总结产品的销售卖点。

（5）头脑风暴学习会。

2.销售类：

（1）打VIP客户回馈电话。

（2）上街派单。

（3）产品路演。

（4）VIP客户联谊活动。

3.整改形象类：

（1）调整陈列。

（2）调整橱窗。

（3）更换模特。

（4）清洁店面。

（5）导购形象互查。

4.库存管理类：

（1）库存清理。

（2）安全检查。

8

店长怎样给老板提建议，老板才会重视?

领导并非不喜欢提建议的员工，关键是员工所提的建议能否为企业带来真正的帮助，是否可以让领导明白其中的价值。领导是人，而非神，不可能以百分百包容的心胸和充足的时间来应对每一位员工的建议，所以，沟通技巧与建议价值尤为重要。

在给老板（领导）提建议之前，先思考3个问题：第一，我的建议能给公司带来实质性的价值吗？第二，我选择的是适当的时间和地点吗？第三，我的建议可操作性强吗？如果这3个答案都是正面的，那就请大胆地提出来吧。

实战演练

被老板打回去的3条建议

“欧迪多纷”城东店、西郊店、谢村店3家店的店长，在公司的店长会议上提出了各自的建议，可都被董总给驳回了。会后，3位店长丈二和尚摸不到头脑，都觉得自己的建议没问题，为何老总就是不予理睬或大发雷霆呢？他们3位聚在一块儿回想起了会上的情景。

店长会议由董总主持，由18家店的店长参加，另外还有6名后备店长旁听。按公司规定，最后一个会议议程是由店长们提出合理化建议。

城东店的童店长觉得自己家的店生意一直不太理想，销售目标达成率低，因而建议利用长假在店里搞“1折起”的特价促销活动。董总听完后当即驳回。

西郊店的赵店长反映最近店门外道路整改，店里的生意也受到了影响。赵店长希望公司能给些政策或方法提升销售额。董总询问赵店长是否已经有好的建议，赵店长称还没想好，想听听公司的意见。董总听后勃然大怒：“你是店长，难道你没有建议吗？如果什么都是我来想，我请店长干吗？”赵店长吓得大气不敢出。

谢村店的穆店长提出，竞争对手店最近大批开分店，到处招聘员工，尤其是本品牌的店员更是他们的“猎取”对象。竞争对手甚至在店外向店员派发招聘传单，并声称待遇比现在高50%。穆店长建议公司是否考虑在待遇上有所调整，或者组建“应急小分队”，也向竞争对手发传单去。穆店长的建议遭到了董总的强烈反对。

手机扫描二维码后，输入“DJCD07”，您将看到视频“店长上下级沟通最有效的方式演练”。

3位店长面面相觑，自己的建议到底错在哪里呢？

（点评：3位店长的建议都存在问题。城东店童店长的建议，最大的问题点在于可操作性不强。生意不好就靠低价打折促销来解决问题，势必导致品牌在消费者心目中的形象受损。西郊店的赵店长被动等待公司的支持，自己没有主动思考过解决问题的方法，把问题和困惑都推给领导，领导招这样的管理者是来制造麻烦的，还是来解决问题的呢？谢村店的穆店长显然是提问题的时机不对，在场除了店长还有后备店长旁听，他滔滔不绝地说竞争对手如何提高待遇招聘员工，此话一出，老总情何以堪？老总是当场涨工资呢，还是让员工知道这个信息后都去跳槽呢，还是指责竞争对手的“卑劣”行径呢？他的问题让老板当场无法回答，也难以面对。）

陈老师总结

店长与领导（老板）沟通时要做到：在正确的时间、正确的地点，对正确的人讲正确的话。

店长千万别犯以下错误：

老板在接待大客户时，店长冲上前就说：“董总，我们的一批货被退回来了。客户说质量有问题。”（时机不对，还让老板在客户面前做生意不？）

公司年终聚会上，正吃吃喝喝得热闹，店长端着酒杯来给老板敬酒，一边敬酒一边说：“董总，关于我们店那个下水道堵塞的问题，您看明年啥时候给解决？”（地点不对，吃得正舒服呢，提啥下水道呀？

还让老板吃饭不？）

公司总结大会上，店长给老板提建议："董总，您就是管得太多。我们是销售女装的店面，关于女性的心理问题，您一个大老爷们儿了解多少呢？"（内容不对。太不把老板当外人，当着这么多员工，还给不给老板面子和台阶下呀？）

店长要说服老板（领导）接纳自己的建议，可以学习下面这位店长。

王店长："董总，我建议在咱们店做一面橱窗。"

董总："为什么？"

王店长："我已经统计过，我们周围的竞争对手店的橱窗都有当季新品展示，极大地提升了进店率。"

董总："成本高吗？"

王店长："董总，给您提建议之前，我已经粗略计算了一下成本：橱窗的玻璃、背景板、模特的采购需要1000元左右，找一家装修队大概需要400元左右。调整时间为2~3个工作日。"

董总："到哪儿找人去？"

王店长："我已经去问过隔壁家店了，他们找的是熟人的装修队伍，价格实在，做工也踏实。电话我都要到了，只要您一句话，马上可以动工。"

董总："以后的橱窗陈列怎么搞？"

王店长："您放心，我已经和公司总部取得联系，他们每季度会有督导来指导我们调整。我们自己也会学习。您想，一个橱窗投入不到2000元，咱们努力多卖几件衣服成本就收回来了。更何况，这个投入的效应是长期的呢。"

董总："那倒是。"

王店长："董总，我还给总部建议，如果我们年底的促销活动做得好，业绩大幅提升了，总部就支持我们增加橱窗的一半费用。所以，我们也会努力冲年底绩效的。"

董总："你可真为公司着想呀。行，那你放手去办，这事就交给你了。"

王店长："董总，有您的支持，我会做得更好！"

王店长好在哪些地方？

1.沟通前提前做好了充分的准备工作，做起事来更省力。

2.不仅提建议，还给领导提供解决问题的可操作的方法。

3.处处为公司考虑，尽量减少成本支出，创造更大的价值。

4.细节考虑周全，让老板省心、省事、省力、省钱，充分信任。

9

店长怎样与老板沟通加薪事宜?

最近流行的加薪方法很有意思，就是员工在桌面上放一张港姐李嘉欣的照片，老板就能明白员工要求“你加薪”的意思。可是，要求加工资这样高难度的技术活儿，如果店长处理不当，可能会得不偿失，不仅加不了工资，还可能开罪老板。如果你对薪酬不满，不妨先调查一下，自己的收入在所居住的城市里同等行业、同等岗位、同等工作量、同等业绩的情况下是属于哪一种水平。如果的确是偏低，可以客观地和老板进行沟通；如果是因为自己的能力问题，就不要眼高手低了。

实战演练

薪酬不是讨价还价

“欧迪多纷”东桥店的店长陶慧，对自己的收入不满也不是一天两天的事了，她认为自己的付出与收入极不对等。她在这家店已经做了5年了，底薪加提成再加管理津贴的总和还没有其他一些品牌店里的普通导购高。陶慧找到公司负责人董总沟通，陶慧的目的非常明确，就是加薪。在与董总一番理论后，陶慧发现董总说了一堆大道理：“收入是公平的，业绩高收入自然高。有能力的人才像金子一样，迟早会被发现。要对自己和公司有信心，只要努力，迟早拿高薪……”可最后也没有给出一个结果，但她不满于待遇的事却被公司知道了。陶慧开始担心：公司会不会对自己有所防范，在时机成熟时将自己开掉，接下来该何去何从呢？

（点评：店长陶慧基本上是在没有任何分析与比较的情况下盲目和老板谈待遇问题的。她应当客观分析自己的收入在同等行业中处于什么样的水平。同样是导购收入，可能存在着较大的差异。我们看某专卖店导购的招聘标准：本科学历，英语六级，沟通能力强，身高160厘米以上，气质高雅，面容娇美，学习能力强。要求很高吧？这是国际某品牌中国专卖店招聘员工的标准。该店导购的底薪加提成大约每月在6000~10000元。

受城市发展速度、城市规模、生活成本等影响，员工待遇会有比较大的差异，分析收入是否合理时必须考虑这些因素。另外，我们必须要明白一点，知识不等于财富，能力也不等于财富，结果才是财富的最终标准，我们做出了什么样的业绩才是衡量我们收入的最重要标准。）

陈老师总结

规范的企业在薪酬待遇上有着统一的标准，员工在进入企业之前就要对此进行了解，如果认为自己可以接受，就在企业的游戏规则下通过努力获得更高的收益。

有的专卖店可能在收入方面主要是老板说了算，店长如果觉得要和老板讨论待遇的问题，不妨先明白一个道理：老板最在意的是结果，而员工更喜欢强调的是过程。如果想要更高的收益，要拿结果与老板交换。老板不是不想加薪，而是要给他一个加薪的理由。

下面我们看看老板为啥同意了店长小陈的加薪要求。

小陈："老板，今年专卖店的业绩目标是60万元。您也提出完成60万元的销售目标后，店长可以拿到××××元的奖金。我对您的奖励方式非常认同。"

老板："好，小陈，你同意，就好好干！"

小陈："但老板，我今天是来和您谈增加奖金的问题的。"

老板："小陈，你对奖金不满意吗？"

小陈："不，我非常满意，但我觉得我有信心在今年完成80万元以上。我也针对80万元的业绩目标做了一份销售计划。希望老板允许和支持我达成更高的销售目标。"

老板："小陈，我当然希望你能挑战新目标！如果达成了80万元，你希望我怎样奖励你？"

小陈："老板，超过60万元的部分，你给我×%的提成。您觉得合适吗？"

老板："小陈，我认同你的目标，也欣赏你的魄力。如果确实达成80万元以上，我不仅奖励你×%的提成，还额外奖励你海南双人双飞游。"

小陈："好，老板，我一定会努力的。我们一起讨论一下销售计划吧！"

小陈的成功谈判在于，他明白要想得到老板更多的奖励，自己必须拿业绩说话。老板不是不想奖励员工，而是想奖励更有成绩与价值的员工。如果你能挑战高要求、高目标，那就拿着计划去和老板沟通吧。

⑩

如何让老板重视员工的学习和培训?

没有哪一家持续经营成功的企业是不重视员工培训与发展的，所有成功人士都具备一个共同的特质——热爱学习。也许他们学习的方式不同，或是听课，或是读书，或是向优秀同行学习……但他们从来没有停止的就是追求进步的脚步。

重视培训的企业观念是自上而下的，从老板重视，到中层重视，再到员工重视。如果一家企业的员工重视培训，而老板不重视，那培训工作开展起来就举步维艰。

专卖店不仅是销售的战场，同样也是一所学校。店员们在这里获得生活的来源、收获事业的成就，也应当获得知识、技能甚至智慧的增长。重视培训的企业才能具备基业长青的生命力。

实战演练

搞个培训咋就那么难

“百邦”家具连锁店的店长秦海燕是位热爱学习、追求上进的店长。她自己花钱到培训机构系统学习了心态和销售类课程，结果深感自己的心态和能力得到了明显的提升。小秦越发感觉到培训的重要性，于是希望公司老板可以重视培训，也希望同事们重视学习。

可是小秦的一片好心似乎并没有得到好报。小秦希望老板能邀请专业的讲师来为各分店里的八十多位员工组织一次或者多次系统化培训。小秦觉得部分导购要么心态消极、做事被动，要么销售意识欠缺、销售能力低下，如果能对大家进行一次系统的培训，一定会有所提升。老板听完小秦的叙述也对培训有了一定的兴趣，可在询问了专业培训机构价格以后，觉得投入太多，效果不确定。于是老板让小秦自己准备一下，由她将培训内容转训给其他店员。

小秦认真地准备了一周，利用周一下午在公司会议室为大家培训导购心态建设和导购销售技巧，可这场培训让小秦非常恼火。首先是员工出勤率很低，请假的请假，迟到的迟到，到场的学员学习起来也不投入，甚至有的店员站起来质问小秦：“你说得那么好，你做到了吗？”半天的培训结束后，小秦将并不太理想的培训效果反馈给了老板，老板越发觉得培训不靠谱了。

这件事之后，小秦再也不提培训的事了。她觉得自己很受伤，但她坚信培训对企业和员工的价值，只是她不知道如何说服老板重视培训和看到培训的价值。

（点评：小秦是一位非常热爱学习的店长，并且对专卖店有强烈的责任心，客观地说，她是一位难得的好员工。可是小秦的个体力量是非常有限的，仅凭她的一己之力，想推动培训在公司的实施并产生效果，几乎是不可能的。培训的效果本来就非一日之功，需要结合企业的实际和考核、奖励等系统化地实施，还需要企业的决策人——老板的高度重视才能顺利推行。其实小秦不用一上来就“全面开花”和“劳师动众”地实施培训，她可以先在自己的店里辅导店员，再推广一些培训点给其他店的店长。如果老板能看到业绩上的增长和最初时不用付出太多的成本，他会逐步增加对培训的认同的。）

陈老师总结

不重视培训的老板会有如下表现：

1.认为培训没有作用，无价值。

2.舍不得在培训上投入费用。

3.不重视员工的成长。

4.企业里没有学习氛围和成长空间。

店长要影响老板的观念，的确很不容易，但作为一名对企业负责任并具备长远眼光的店长来说，能意识到培训的重要性，并希望去影响老板，从意识层面上来说就已经非常优秀了。

老板要重视培训，必先从自我学习开始，如果老板自己都不喜欢参加培训，怎么能重视员工的培训呢？所以，如果有一些培训机构的免费课程，店长可以建议“爱省钱”的老板去学习一下，兴许可以给他一些震撼和启发。

第五章 精心规划，提升店面形象

掌握、传授店员终端设计和陈列技巧，是店长必备的一项专业能力。可以在总部的指导下调整当季橱窗、搭配模特、规范陈列，自制陈列小道具、变换卖场环境等，从而提升店面形象，创造持续而稳定的销售业绩。

1

陈列如何影响销售业绩?

掌握和传授店员终端陈列技巧，是店长必备的一项专业能力。店长不仅可以在总部的指导下调整当季橱窗、搭配模特、规范陈列、布置特定的环境氛围，还能创造性地自制陈列小道具、变换卖场环境等，将陈列变成一件既愉快又有价值的事情。

什么是陈列？陈列的价值在哪里？这是店长掌握陈列技巧前必须明确的两个重要问题。只有明确陈列的基本原则和价值，店长才能意识到，对于创造持续且稳定的销售业绩来说，陈列有多么的重要。

实战演练

店面陈列的价值所在

先来看看下面两幅图中的店面现场，你能发现哪些问题呢？换作你是顾客，这家店带给你什么样的感受？

现场表现：货品摆放混乱，杂物乱堆。

顾客感觉：货品档次低，分明就是地摊货，可以随便砍价的。

现场表现：橱窗没有对应季节，模特破损、陈列混乱、灯光暗淡。

顾客感觉：里面卖的都是有质量问题的处理货吧！黑漆漆的店面都不想进去，还是去其他店看看吧。

当看到店面的问题后，我们发现：原来顾客不是靠脚来走路，而是靠眼睛来走路。当视觉被征服以后，脚就不听使唤，顾客会自然地来到商品面前。心理学家早已证明，人们在接受信息时，有83%来源于视觉，有11%来源于听觉，有6%来源于嗅觉、触觉、味觉。所以，终端店面要创造更高的进店率，就要使用强大的视觉管理系统。

陈列就是将商品进行有规律性与美感性的摆放，在摆放的过程中强调色彩、款式、大小、系列的搭配，目的是吸引顾客注意，引发消费欲望，产生购买冲动，达成销售目的。这涉及运用专业陈列道具、模特，环境布置等，但陈列的最终目标只有一个——提升业绩。经过专业统计发现，良好的陈列能提升至少10%的销售业绩。

陈老师总结

专卖店做好陈列管理，不仅可以提升终端业绩，还可以创造更多的价值。

1.业绩的直接提升。

2.通过团队协作创造卖场氛围，可以增加终端团队的凝聚力。

3.培养店员积极思考与主动动手的能力。

4.培养店员的色彩分析能力、服装搭配技巧、对美感的识别能力。

5.建立顾客对品牌的识别度与忠诚度。

6.创造卖场强大的视觉销售氛围，形成顾客与商品的最佳互动方式，将陈列转化为无声的销售，减少导购在销售中的压力。

②

怎样避免店面陈列的五大误区?

做陈列最大的误区就是为了陈列而陈列。陈列的最终目的是提升销售业绩，否则，再漂亮的陈列都将适得其反。然而，走出陈列的误区并非易事，或者我们很难发现自己的误区在哪里。在大量的终端实践中，我们总结出陈列的五大误区。

1.只图美观，不重实质。橱窗做得精美漂亮、花样百出，可顾客就是不知道在卖什么，这时陈列就失去了宣传产品的价值。

2.品牌定位与陈列风格不相符。品牌的陈列风格应与自身的定位、档次、调性相匹配，而不能盲目效仿他人。如大牌的陈列风格简约、高贵、华丽，所以就不能有量贩式的感觉，强调的是距离感；而平民化的品牌突出的是性价比高、价格低廉、实用性强，其陈列风格就应平实、亲和力强、贴近顾客。

3.陈列没有结合产品的上市波段，没有配合货品的生命周期。不是所有的顾客都是被橱窗吸引后，一进店就失去理性地盲目购物。大多数顾客会考虑产品与自身的适合性、性价比。服装销售有其特定的规律性、时效性，会存在畅销、平销、滞销的规律，而陈列要起到让畅销品卖得更火、让平销品畅销、带动滞销品销售、消化库存转化为现金的目的。

4.只重个体，没有全局观。某些终端陈列只有某个点上突出，而缺乏卖场陈列管理的大局观。比如只是橱窗到位了，而没有重视店里的货品陈列，或是货品陈列到位了，但灯光效果不佳，突出不了重点。所以，陈列既要注重细节，也要注重大局，讲究大局风格一致。

5.一厢情愿的创意。导购自认为美不胜收的陈列，也许在顾客看来却一无是处，因为特定顾客群体的生活层面、眼光、需求、对审美的理解会有所差异。比如，我们认为土得掉渣的东西，在老外的眼里就是“民族的、传统的、唯美的”。所以，陈列者与其一厢情愿地搞创意，不如站在顾客的角度考虑问题。

实战演练

服装陈列的四大原则

服装陈列有四大原则。

1.重点突出：服装每季均会有主打产品，作为爆款自然是陈列的重中之重。因此陈列时要突出重点，让顾客对亮点一见钟情。值得注意的是，全是重点就没有重点了。通常情况下，50平方米以内的店面内亮点不多于2个，100平方米的店面内亮点为3~5个。

（点评：模特的服饰搭配展示了当季流行主打款式，能让顾客眼前一亮。）

2.和谐原则：和谐的视觉才会带来美好的感受，做陈列时同样要做到数量、色彩、款式上的和谐。

第一，数量均等：相同的挂杆上所陈列服饰数量一致。

第二，色彩平衡：顾客在视觉上感觉到上、下，左、右、前、后色彩感平衡。

第三，款式对应：款式在多元化的情况下可以做到视觉上的对应。如每杆可以有不同面料的服饰，但数量、质量对应。

（点评：黑白对称、数量对称，有视觉上的平衡感。）

3.层次感原则：层次感让事物从不同的角度审视会有与众不同的吸引力。做陈列时也要做出层次感，锁定顾客的视觉，引发顾客对美好事物的联想。创造层次感需要灯光、道具、模特、背景等的综合配套。

（点评：通过灯光的角度、流水台、饰品，突出了层次感与画面的生动性。）

4.情景剧原则：每一件服装都可能会带来一个故事或一份心情，在陈列时可以通过情景剧的方式，将商品展示给顾客，给顾客带来生动的感受。

（点评：橱窗中两位衣着时尚的玩偶正在以情景剧的方式讲述着品牌的风格与哲学。）

③

店内的动线设计如何布局才合理?

逛百货公司时经常会发现，要上下楼时，总会找不到相对应的电梯，害得顾客白白走了许多冤枉路。细细一想，原来这是精明的商家所设计的路线，使得顾客来到百货公司后就不能轻易离开，增加顾客接触商品的机会，从而提升营业额。因此，卖场要进行科学的动线设计。

什么是卖场动线设计呢？就是通过对顾客在卖场中行经路线的设计与布局，提高顾客在卖场中的停留时间、对商品的关注度和购买率。好的动线设计能让更多的商品在顾客面前进行展示，让顾客用最长时间观察商品，并产生兴趣与购买的欲望，最终达成销售。

实战演练

店内动线设计范例

终端店通常存在一些无法产生销售额或销售额超低的死角，令商家大为头痛。终端店铺租金年年在涨，寸土寸金，销售死角若不清除就成了赔本买卖。若是能将死角转化为销售区，就相当于变废为宝了。当然，最重要的还是为店面设计一条黄金动线，为店面招财进宝。

可以提升顾客停留率、关注度、购买率的店面布置参考如下。其中，★为导购合理站位区。

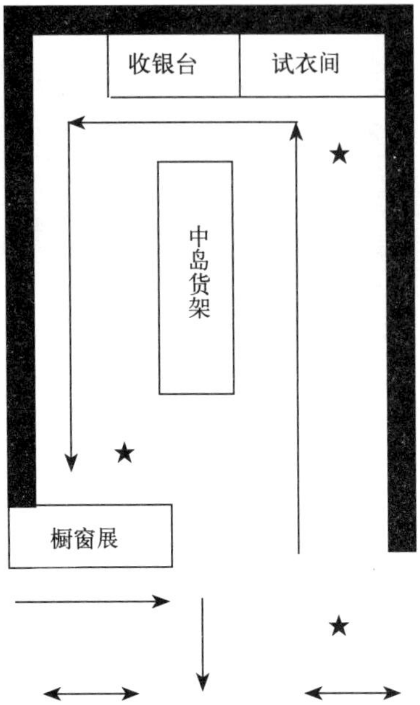

（点评：适合小型店面的N型设计，顾客做直线往复动作。）

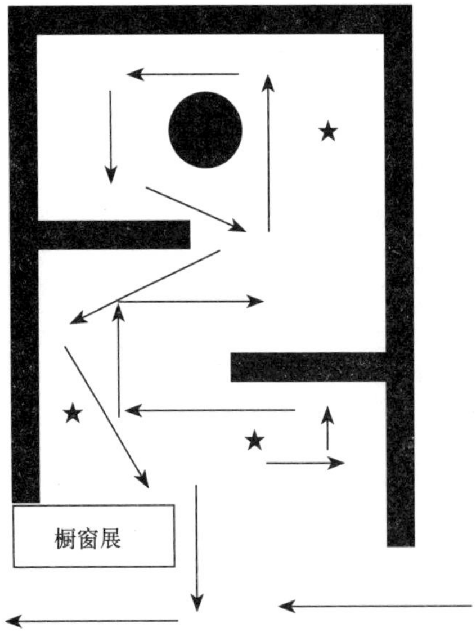

（点评：S型路线设计，保证不留死角，通过导购的站位引导顾客走完全店或找寻到适合的产品。）

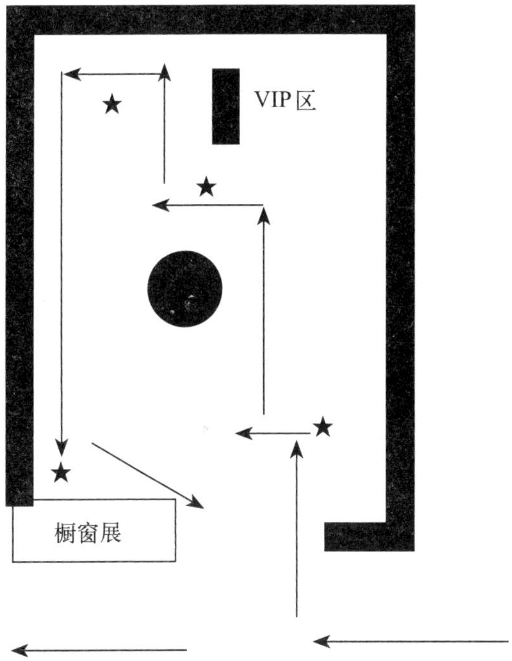

（点评：Ω型路线设计，顾客围绕中岛浏览商品）

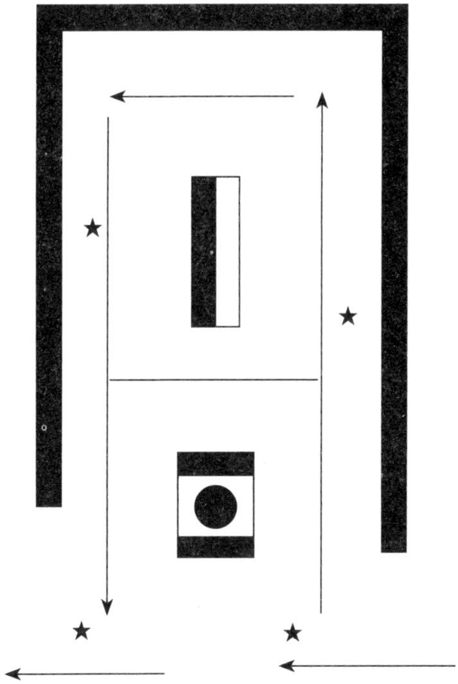

（点评：吕字型路线设计，顾客围绕中岛及货柜浏览商品）

④

怎样利用“磁石效应”创造高业绩?

什么是磁石效应？即通过磁石陈列方式，让商品像磁铁一样吸引顾客的眼球。“磁石点”就是卖场中最能吸引顾客注意力的地方。利用磁石效应能增加顾客对货品的关注度，提升试穿率，从而促进营业额的提升。在服饰店铺内，通常通过人模组合陈列的方式来塑造磁石点。

店长和店员要识别出磁石点的位置，并在指定位置陈列出风格相同但形式各异的陈列作品，以达到提升销量的目的。

实战演练

磁石点的陈列运用案例

磁石陈列举例

磁石点	位置	陈列主题	陈列方式
第一磁石点	店面入口处 主通道起点	此区域体现店面整体气质和重点产品宣传的作用，需要重点装饰，在专卖店里一般为中央主展台	组合模特 流水台 情景剧展示
第二磁石点	右侧副通道前端	承担最大销量的主流产品	单个模特 多数量的组合模特
第三磁石点	右侧副通道后端	非热销产品、高档高价位品	正挂陈列
第四磁石点	收银台	低价位产品、找零产品	量贩式陈列
第五磁石点	左侧副通道后端	促销品、特价款	POP配合模特
第六磁石点	左侧副通道前端	平销产品	组合模特

注：店面应视自身情况，寻找磁石点并然进行陈列的调整。

（点评：主通道的流水台及组合模特陈列，右副通道前的模特陈列，展示当季热销产品风格。）

（点评：主通道的磁石陈列，吸引顾客进店。）

（点评：搭配连带产品的磁石陈列，提升客单价。）

（点评：死角区的磁石陈列，吸引顾客靠近，提升试穿率。）

陈老师总结

创造磁石效应也要对应顾客在购物中的心理变化过程，通过陈列让顾客从被吸引一步步走向购买环节。

顾客的心理变化过程与磁石陈列对应

顾客心理变化	主陈列点	效果	顾客心理	导购沟通要点
第一步：吸引	橱窗	抓住眼球，刺激好奇心，走进店面	“这是什么？好漂亮，进去看看。”	欢迎顾客进店，观察顾客反应
第二步：兴趣	主通道陈列	通过陈列让顾客在店内移动	“这套搭配看着还不错。”	重点推荐，建议试穿
第三步：触摸与联想	副通道陈列	让顾客接触感兴趣的商品	“这件我穿上如何呢？我先看看面料手感如何。”	介绍商品的特点、优点及带给顾客的价值，陪伴试穿
第四步：试穿	试衣间氛围布置	引导购买 推荐连带产品	“行，我试试吧。如果好看就买。”	导购在试穿过程中的亮点介绍
第五步：购买	收银台	找零产品 VIP办理	“买得开心，下次还来。”	清洗介绍，VIP办理，欢迎顾客再次光临

⑤

如何结合陈列方式消化库存?

曾询问一位加盟商“今年赚了多少钱”，加盟商说“50万吧”。听着也算是不错的利润，可加盟商转脸苦笑着说：“陈老师，我是说库存还有50万，那就是我的利润。变不成现金，就是一堆货！”如何消化库存，成为店铺经营者最为关心的问题之一。消化库存不仅要结合陈列方式，也要结合促销方法。

消化库存可以运用特制的陈列道具进行摆放，或是制造量贩式堆头刺激顾客购买欲，还可以通过定期特卖的方式促销。

实战演练

库存消化陈列的4种方式

（点评：库存消化陈列方式之一——量贩式陈列，通过堆头、多样化的视觉色彩以及有吸引力的POP提升顾客的购买欲、购买量。）

（点评：库存消化陈列方式之二——限时抢购的组合模特，在指定时间内享受超低特价，组合多件的价格比单件购买价格更优惠，提示顾客抓紧时间购买，并购买多件。）

（点评：库存消化陈列方式之三——店入口处摆放特价货品，用低价策略吸引顾客进店。）

（点评：库存消化陈列方式之四——特卖场方式，将店面布置为特卖场氛围，在指定时间内特价促销，消化库存货品。）

⑥

怎样做好店铺的系统化陈列设计?

服装店终端竞争日益激烈，产品同质化现象日趋明显，为了获得更多的顾客光顾，提升进店率、试穿率、成交率与客单价，光在产品的品质和导购的销售技巧、服务热情上下工夫是不够的，还要在产品陈列上异军突起。

门头、橱窗、货架、道具、陈列组成了销售终端的核心元素。门头与货架等属于品牌形象的硬件部分，而陈列则属于品牌形象的软件部分。纵观每个品牌，都要在硬件与软件上达到高度的统一，以树立品牌形象，塑造强势的销售张力，追求市场利润的最大化。终端店长要掌握品牌店服装的多种陈列方式，不仅可以在店内营造美感，还能增加财富、创造最大化的盈利空间。

实战演练

服装店的整体设计与陈列技巧

1.服装店的动线设计。

动线是使顾客自然行走、形成购物的轨迹，是顾客在店里流动的线路。良好的动线设计可诱导顾客在店内顺畅地选购商品。

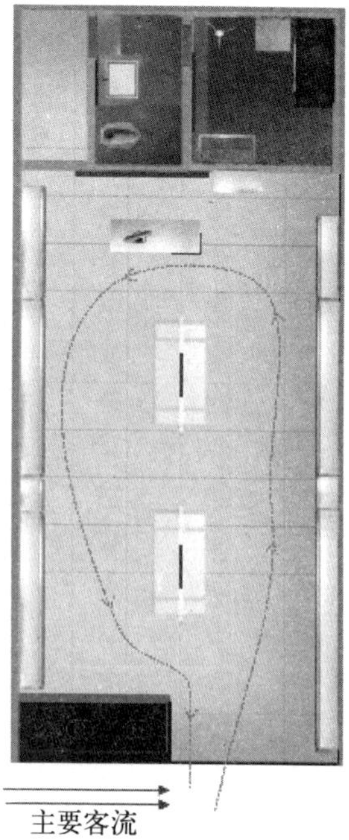

平面人流动线设计：主要是U型为大的主动脉，U型内包含波浪型以及循环原理，使顾客试穿(休息)购买成交。这种设计以商品的陈列规划为展示点带动顾客往里面走，把最好与最希望推销的商品展示在展示点，通过展示点将顾客吸引至陈列区，使店内空间得到最有效的利用，并最终达成交易。动线设计要注重消费者的感受，对人流推进结构的设计要人性化和科学化，使客流在店内能平衡流动和顺畅到达各个功能区域。

2.内衣店的布局说明。

（1）整体——半开放型。

出入口稍大些，并配有陈列橱窗，从外面经过时能够较方便地看清商店内部的情形。这种设计适用于服装店面。

（2）出入口——易+久。

出入口布局要“易+久”，即容易进入，不好出去，可停留时间久一些。入口处应宽敞方便，出口处偏僻窄小一些。

（3）通道——引+畅。

“引”是指引导，货柜以不同形式排列组合，有利于引导顾客，使他们容易到达每一个销售点；“畅”是指通畅，设置人性通道1~1.2米，通道要足够宽，最窄的地方都应该能让迎面走来的两个人错开。

（4）货架——直+曲。

货架组合即货位设计。货位的分布形式可以直线式为主，便于顾客寻找货位地点。货架宜采用标准化货架。形象柜和中庭展示架为辅，创造活跃的店面气氛，便于顾客选购浏览，可增加随意购买的机会。

（5）收银台——捷+舒。

“捷”即迅捷，即便于顾客结账；“舒”即舒服，要让消费者感觉舒服。收银台配有礼品精品柜，吸引消费者，提高消费忠诚度，增加品牌美誉度。

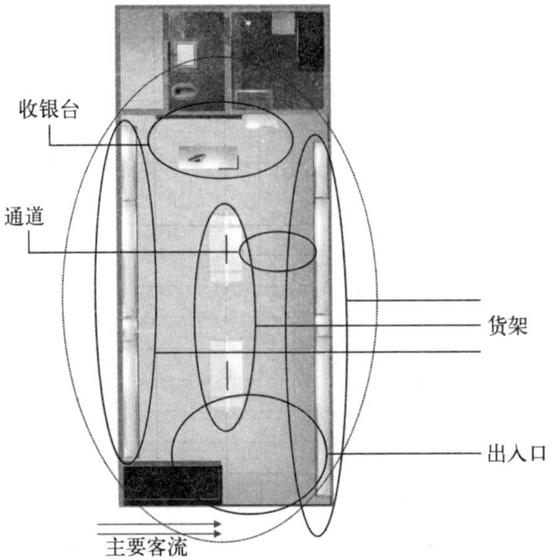

3.服装店的划分说明。

每个区域的作用是不同的，重点是从顾客的角度出发，满足顾客的消费心理，根据人体工程学来进行合理的规划和设计，达到使顾客容易进店、愿意进店、愿意停留、愿意触摸商品的目的。同时，要方便销售，充分利用卖场空间，便于商品管理。

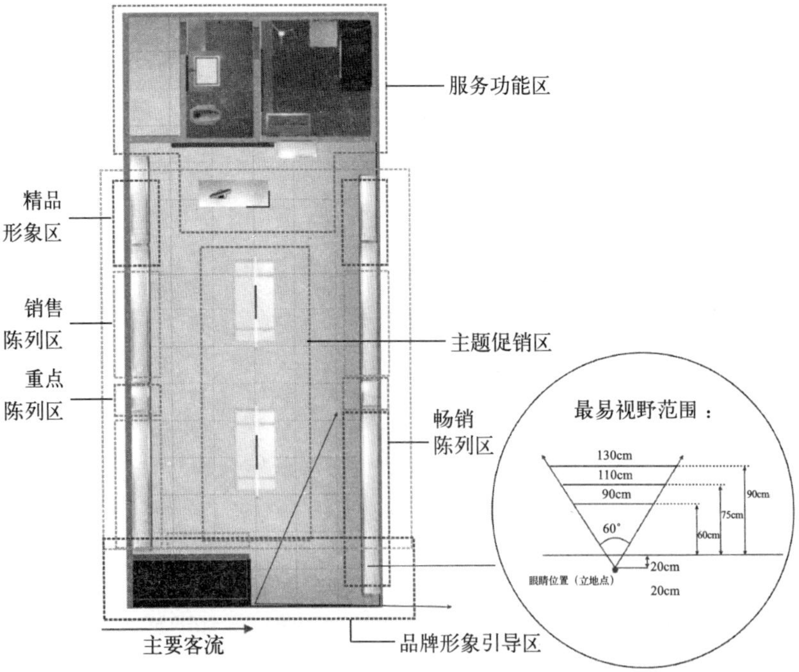

（1）货柜1~6表示陈列先后顺序和重要程度，根据实际情况进行参照。

（2）一般店面最少有4个货柜（2个二联柜）以上。货柜1和2必须在最佳销售位置，严格按照产品陈列标准进行陈列。

（3）其他根据新品产品数量，参照后面货柜可选择适合的陈列方案执行。

4.服装货柜区域图示。

区域图示

1. 畅销款系列	5. 经典款
2. 主推款系列	6. 形象款
3. 新品	0. 形象PP陈列
4. 新品	

5.商品陈列规划与说明。

VMD（商品计划视觉化）包括三种陈列形式——VP、PP、IP。

（1）VP：全店最大的氛围景观，注重情景氛围营造，强调主题。

（2）PP：要点陈列，也叫售点陈列，讲究搭配。

（3）IP：单品陈列，以商品摆放为主。

VMD的产品出样形式：

（1）VP：视觉提案：橱窗模特+道具灯光+主题。

（2）PP：重点提案：全身模特+半模+正挂。

（3）IP：单品提案：正挂+手模展示。

货柜特点：

（1）可灵活调整位置——取舍陈列杆。

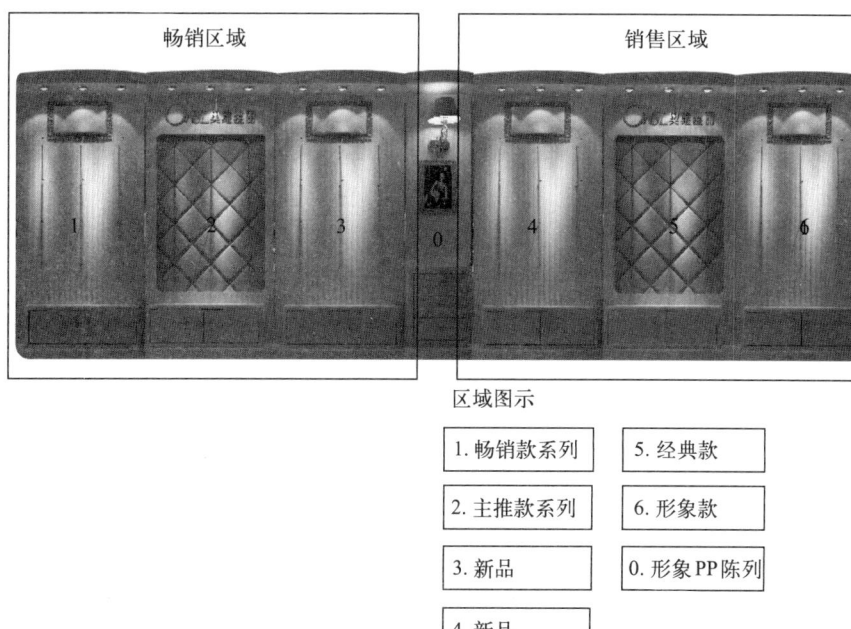

（2）可灵活组合，适应不同销售空间，方便使用和储存。

（3）兼顾品牌特质——木质工艺，简约，符合CI产品个性。

6.陈列的主要顺序。

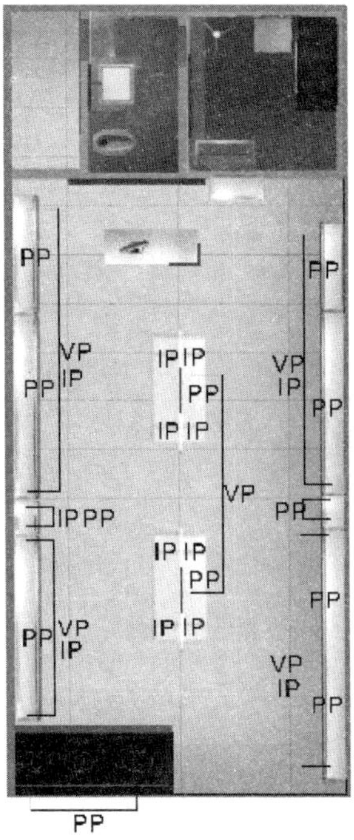

（1）文胸的挂法：

①衣架的开口统一向左，挂在挂臂上。

②文胸的背扣，75的扣在最外面一个扣上，80、85的扣在最里面的扣上。

③文胸在挂时做到三线合一。前鸡心与后背钩对齐。胸围的前、后底围在一条水平线上。肩带左右对称，保持肩带两边均匀，从鸡心到衣架的横钩为18厘米。

④每条挂臂上挂3件文胸，文胸由外到内依次为75B、80B、80C，杯型由小到大。

⑤每个挂钩上的颜色为一种。出样的文胸必须保持整洁干净，吊牌悬挂整齐。

（2）内裤的挂法：

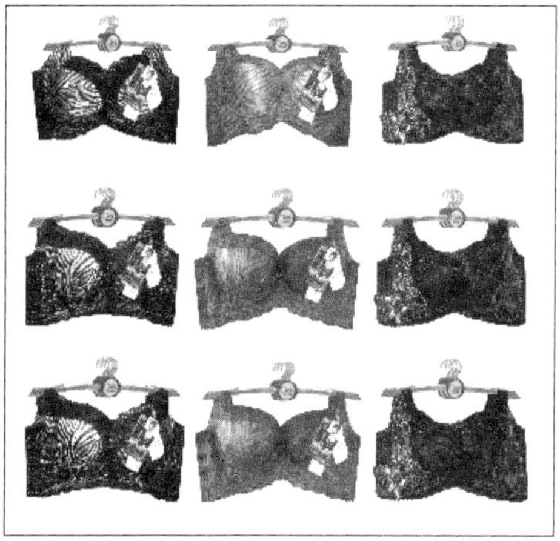

①衣架的开口统一向左，挂在挂臂上。

②下挂内裤与上挂文胸在款式与颜色上相呼应，无同款式的内裤时可以用同种颜色的代替。

③内裤两边用衣架外侧钩部卡紧内裤的边缘，以中线为准，两边保持对称，

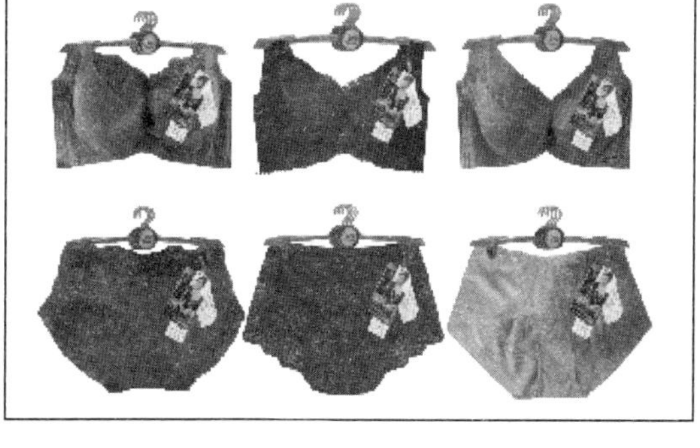

吊牌悬挂整齐。如尺码偏大，可将两边向内折叠一下。

（3）塑身衣的挂法：

①每个挂钩上挂3件，最外面一件以M为准，其次由小到大M、L、XL。

②款式由短到长排列，摆放有层次感。

（4）特殊商品的陈列方法：

①滞销款：陈列在店内不易忽视的角落，挂上颜色较鲜艳的款式以吸引顾客目光。

②特价品：用花车或落地架陈列。整齐摆放，标特价卖，价差小需要剪除标牌，价差大则不能剪除原价标牌，便于顾客了解优惠幅度。

③赠品：陈列在收款台、橱窗、落地架或店内最显眼的位置。必要时可以用模特陈列，展示时采用精美的包装。

7.用色彩的搭配。

商品的陈列还必须考虑颜色的搭配。商品色彩搭配恰当能引起顾客的欲望。色彩搭配最好是近似色相配。

季节性陈列，要根据季节的变化搭配色彩。春夏以浅色为主、深色为辅，轻薄面料为主、适中面料为辅；而秋冬以深色、厚重面料为主，适中面料为辅。

竖排色彩要求：一是同色，二是同色系，三是邻近色，四是类似色。列队要求：最重要款式和花色摆放在中间列，其他则按色彩色环基本顺序排列。

8.文化氛围营造。

文化元素是表现一个品牌内涵的重要元素，通过文化元素来突出服装的品牌内涵，能与消费者产生共鸣，拉近距离，由内而外地接受此品牌的理念，忠诚度得到进一步提升。

在专卖店和复合店中，可以通过一些专门区域来衬托品牌、表现品牌文化。

（1）使用画框等道具的质感，与品牌所宣传的文化点相协调。

（2）道具造型要生动，摆设的位置要适当。

（3）渲染和加强品牌所具有的文化理念。

（4）贵宾接待区域可根据需要进行形式和内容的变更。

（5）试衣间墙面需要专业的产品试穿知识指导区，以及健康常识宣传区。

（6）其他形象宣传可穿插于产品陈列中的细节设计中。

（7）POP广告牌要强调特色产品，增强消费的引导性，POP内容包括特价品、新品和推荐品等。货柜不宜过多，把最有价格优势的直接标价格，强调今年主推款式，每个货柜最好有2~3个广告牌。

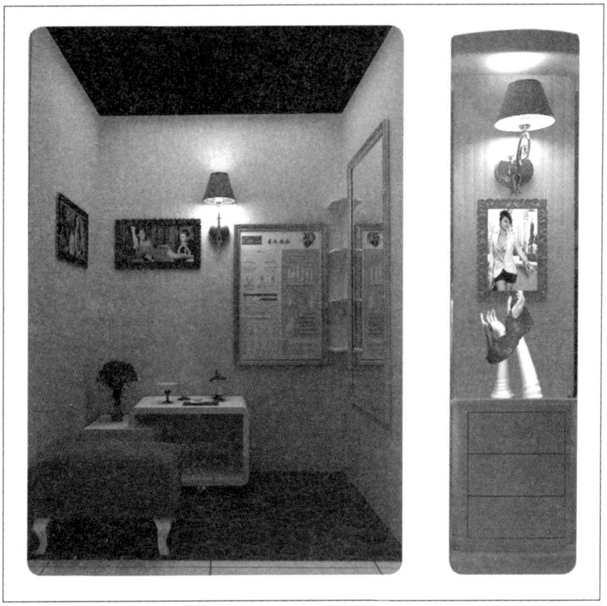

模式组合

竖式组合

卖场吊旗

卖场吊旗（白底）

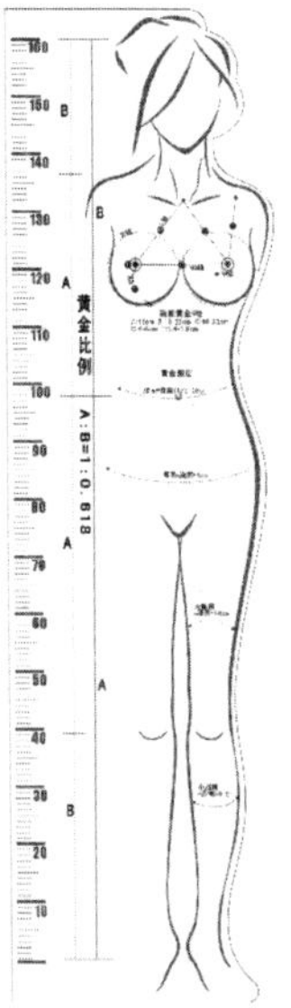

完美比例图

POP立牌

空白折扣牌

推荐牌

9.试衣间文化。

试衣间是店面很重要的文化宣传区域。试衣的同时了解健康知识、服装文化，可以提升品牌在消费者心中的形象，巩固消费者对品牌的忠诚度。

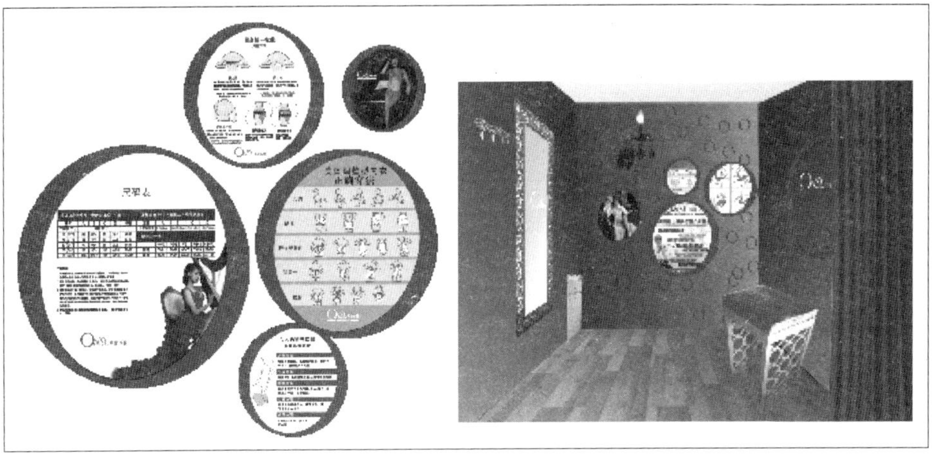

10.灯光规划。

如何吸引女性的眼球？有75%的消费者认为店面的灯光很重要，会直接影响她们的购买行为。尤其像服装这样的个人消费产品，大部分女性主要凭感觉来购买。适当的光照可以改变店面的气氛，灯光效果运用得好，可以提升商品的格调，增加商品的销售量。

照明是为了突出商品的品质和色彩。灯具的选择是为了突出店铺的形象，与商品相协调，创造良好的购物气氛。

（1）招牌标志可以采用高强度的直接照明，突出店铺形象。店面则采用强度较低的照明，既标志照明有所区别，又能够看清店面的环境。

（2）店铺入门正面的墙面的灯光照明，照度比橱窗略小，但照明要强。

（3）主通道的墙面光源要均匀而有节奏，照度不能太弱。

（4）重点部位、重点商品，要设计气氛灯光照明，吸引顾客进入店铺购物。

（5）基本灯光的灯具可以在装修中隐藏，采用反射间接照明，可使光线柔和。

（6）展示台和重点商品陈列的吊架，可采用气氛灯光聚光照明。

考虑到服装产品的陈列方式和装潢风格，在有物体（含货物陈设及形象喷绘图）的地方要有充足的直射光线（以造型美的射灯为主）；没有展示的地方就使用间接光源，这样利用光线的疏密与变化，使卖场的层次更加多样化，空间感更强，购物气氛更浓。

11.音乐使用。

在购物环境中，店堂音乐是影响消费者购物感受的一个重要因素。专卖店背景音乐的编排与设计，将直接体现品牌文化与品牌定位，从而对消费者是否停下脚步进店选购、对于品牌销售起着推动或阻碍作用。

调查中显示，近60%的消费者对专卖店的背景音乐编排表示不满。尤其是30岁以上的消费者，不满率占所访总数的85%以上。

那么背景音乐编排、设计时应注意哪些问题呢？

（1）背景音乐应符合目标消费群的特点。

跳跃性强的流行歌曲虽然比柔和的音乐更具穿透性，但顾客在进店后，步伐、挑选商品的频率要比播放柔和的乐曲时快2~3倍，不利于顾客对品牌、产品的了解。

如果主消费群在25~45岁，那么可以选择一些情调优雅的音乐，比如以电子琴、钢琴、小提琴等乐器为主的舒缓曲目。

在中国传统节日时，可以选择一些喜庆的乐曲。

（2）播放音乐时，注意合理搭配音乐的种类与时间。

在平常营业中，并不是一刻不停地播放背景音乐，而要根据消费时间段、消费特点来选择曲目。

上班前，先播放几分钟优雅恬静的乐曲，然后再播放振奋精神的乐曲，效果较好。

当员工工作紧张感到疲劳时，可播放一些安抚性的轻音乐，以松弛神经。在临近营业结束时，播放的次数要频繁一些，乐曲要明快、热情，带有鼓舞色彩，使员工能全神贯注投入到全天最后也是最繁忙的工作中去。

店热卖过程中，可配以热情、节奏感强的音乐，使顾客产生购买冲动。

总的来说，要根据品牌的目标消费群体，配合品牌形象和装修风格来选择音乐，增强购买现场的气氛，增强品牌所要表现的情感因素。同时，让来店的每一位顾客感受音乐带来的愉悦，心情得到放松，从而细心地挑选自己喜欢的产品。

第六章 专业服务，维护品牌形象

导购不仅是在卖商品，还要宣传一种美和文化理念。店长要让导购意识到，专业形象和专业服务的重要性，优秀导购一定是钟爱自己的品牌，并在销售时将品牌文化进行推广的人，他能让消费者读懂品牌、钟爱品牌，成为品牌永远的追随者。

1

导购能否感受和推广品牌的价值?

琳琅满目的商品在述说着自己的文化、故事、定位，并寻找着契合自己的消费者。真正意义的品牌除了本身具备商品功能外，还具有情感功能，能在无形中传播某种生活态度、人生理念、生活哲学，也同时代表了某类社会群体的生活方式、社会定位、消费实力。

导购不仅是在卖商品，还要宣传一种美和文化理念。优秀的导购一定是钟爱自己的品牌，并在销售时将品牌文化进行推广的人，他能让消费者读懂品牌、钟爱品牌，成为品牌永远的追随者。

实战演练

“伦敦雾”的品牌故事

有一次飞哈尔滨上课之前，在机场候机时，客户方打电话告知哈尔滨天气骤变，突降大雪，天寒地冻，飞机晚点，还好机场有众多服装专卖店，我试想着可以选一件既能保暖款式又时尚的风衣。一个未知的品牌“伦敦雾”跃入眼帘，橱窗里的图画是一位外穿经典款风衣、里着西装打领带的英国绅士在潇洒前行。在与导购交流后，我深深爱上了这款品牌，而“相爱”的桥梁就是这位对“伦敦雾”品牌深度解析且具有英国绅士风度的优秀导购。

走进店面后，我主动询问：“‘伦敦雾’？以前没接触过呀！”

导购态度诚恳：“先生，无论您是否购买，您都一定要了解一下这款有近百年历史、来自美国的外衣领导者品牌。”

（点评：导购一开口就让我明白，他们销售的不仅是商品，更是一种理念，并用简短的一句话概括了品牌的定位。）

我：“为什么？”

导购：“您一进店，我就感觉到您应该是一位性格内敛、追求品位、对生活有高要求的成功人士。您的气质与我们的品牌非常匹配。”

（点评：我觉得他对我的点评很到位，在面对突如其来的赞美时，我心里还真是有点激动呢。）

我：“那请你给我一个购买的理由。”

导购：“先生，我很荣幸地给您介绍一下‘伦敦雾’品牌。‘伦敦雾’是1922年在美国创立的品牌，在‘二战’期间的太平洋战场上，美军就有‘喝可口可乐，穿伦敦雾风衣’的佳话。这足以向您证明它的悠久历史。

（点评：可口可乐是我熟悉的品牌，导购一类比，让我明白了该品牌历史的悠久性。）

我：“它的风格有哪些特点呢？”

导购：“先生，您的问题问得真棒！一听就知道您对服装有专业的要求与了解。‘伦敦雾’的风衣浑身上下充满着浓厚的英伦气息。虽然它是美国品牌，但它的始创者来自英国。所以，它的魅力就在于既有美国式的轻松、浪漫风格，又有英伦的优雅风情，还紧跟时尚节拍。尤其是面料选用，绝对是最新、最前沿的，以保证质感。我看您的身材就比较适合我们的经典款皮衣，您可以试试。”导购一边说一边拿下皮衣，用极具优雅的指示指引我走到镜子前。

（点评：介绍清晰，突出重点，引导试衣，步步为营。）

穿上皮衣后，我问道：“保暖性还行，款式也还不错，价格是多少呢？”

导购：“‘伦敦雾’品牌被称为世界级的‘风衣大帝’，是发达国家社会精英、中坚力量、行业领袖和高知识者所推崇的品牌。美国历代总统在出国访问、选民选举时最爱着‘伦敦雾’风衣、手持‘伦敦雾’雨伞。连布什总统也是‘伦敦雾’风衣忠实的粉丝。我们公认穿着‘伦敦雾’风衣的人是高知识、高追求、高品位的社会群体。”

（点评：导购没有直接回答我的价格询问，可他的铺垫让我觉得再贵也值得。连美国总统也喜爱的品牌，一定是有分量与品位的。）

我：“那看来这件皮衣应该是比较贵的。”

导购：“其实先生，您不是在意价格的人。我相信您在意的是找对一件与自己身份相匹配的品牌，因为这代表着您的地位与身份。这件皮衣9600元。”

（点评：心里一阵阵暗喜，这句足以证明我的身份。）

付完款以后，导购详细介绍了皮衣维护的方法。在送我出门前，他补充道：“先生，我们‘伦敦雾’因为有您这样尊贵的顾客而感到荣幸。这是我们新年的台历，上面有英国的风情图片，欢迎您去英国旅游，感受英伦风情的独特魅力。不要忘了穿上我们的风衣，在英国留下您最美的身影，希望您将‘伦敦雾’品牌介绍给更多的高品位成功人士。”

（点评：看着这位优雅的导购，听着他华丽而细致的介绍，我被他和他的品牌深深吸引。我深信一点，品牌不仅仅是商品，它更能给人带来思想上的共识与心灵上的力量，这就是品牌神奇的魅力。）

陈老师总结

“伦敦雾”导购的优秀在于，他在介绍品牌时，我能从他的身上感受到高雅的气质与个人魅力，他的谈吐、举止、风范都在展现着品牌所诉求的魅力。他身体力行地传播着品牌的内涵，并乐意向所有人展示品牌的文化。在他娴熟的介绍、职业化的用语、灵活的应对中，我感觉到了他的敬业和专业。

作为一名专业的导购，你是否真正理解了自己所销售的品牌？你是否真正爱上了自己的品牌？你是否乐意去向所有人分享这个品牌的价值？你起到了搭建品牌与消费者之间桥梁的作用了吗？

2

怎样实现品牌门店的服务标准化作业？

优秀的品牌门店大多有标准化的服务流程和个性化的顾客应对技巧。没有标准化服务流程的门店，根本无法做强，更谈不上做大。规范、卓越的门店一定是建立在标准化的服务流程、销售流程、管理流程基础上的。

标准化服务流程以“顾客第一，满足顾客需求”的服务意识为基础，将服务优化分解为若干个动作与步骤，从而实现服务和销售过程的高效、便捷、安全，并最终取得顾客的满意，创造更高的销售业绩。服务标准化作业是门店维持高管理水平的基础，同样也是门店排除人为因素而导致服务水平不高的最佳手段。

在实施标准化作业的过程中，“人”的因素成为最大阻碍。让现有店员从“散打冠军”变成服务标准的“正规军”，是店长在管理中必须突破的重点和难点。

实战演练

“Sun · 尚”服饰是我所服务的咨询客户，随着“Sun · 尚”服饰品牌专卖店数量日益增加、品牌影响力在全国市场的提高，“Sun · 尚”品牌总部意识到品牌的内涵必须渗透到导购的服务标准化动作中，于是全国门店风风火火地推行服务标准化管理。在推行服务标准化动作的项目中，总部主抓了每家店的“火车头”——店长。

从信心百倍到偃旗息鼓

南京新街口店的店长陈声美在总部学习了服务的标准化作业流程后，信心百倍地回到店里准备大力推行。店长先按总部的要求，将服务的标准化作业流程张贴在店里的指定位置，并利用晨会时间让大家一同学习和演练。刚学完的一周里，店长欣喜地看到店员们的变化，比如，顾客进店的时候，导购们会用统一的服务动作与问候语迎宾：“欢迎光临Sun · 尚潮流服饰馆。”收银员收款时也有标准的话术：“收到您×××元，找您××元，这是零钞，请清点拿好。这是我们店送您的福袋，可以放硬币，祝您幸福吉祥。”……店长原以为万事大吉，却没想到好景不长，在推行一周后店员们都被“打回了原形”。店员们说：迎宾语过长，人多的时候说会比较啰唆，其实只需要说“欢迎光临”即可。收银员也反映，有的顾客根本不需要福袋，送给他们也是浪费，不如把福袋就放在收银台，有需要的就自取，不需要的就算了。由于员工的强烈反对与抵触，店长只好睁一只眼、闭一只眼了。一个月后，总部委派督导到各地暗访，南京新街口店得分最低，店长也一肚子委屈，要让员工认同标准并养成良好的习惯太难了。

（点评：店长小陈的失误之处在哪里？她仅凭一腔热血就想改变员工固有的习惯，既无引导也无策略，这几乎是不可能的。店员们在接触到新生事物后表现出抵触情绪和行为是非常正常的，但店长不仅没有进行引导或强有力的改善，反而选择了妥协和沉默，这是店长在管理中最大的失误。）

从观点改变到行为调整再到习惯渗透

上海南京路店的店长乐易敏比南京新街口店的店长小陈可有策略多了。小乐明白让店员在短期内改变原有的习惯并非易事。所以，小乐制定了为期一个月的专卖店服务标准化流程的学习、评比、奖惩策略。

第一步是强化观念。小乐并非一上来就告知店员具体该怎么做，而是通过学习让店员们明白标准化的意义在哪里。店长组织店员们上了一课，讲授标准化作业流程的价值在哪里。比如迎宾语，为什么不能只说“欢迎光临”，而是要说“欢迎光临Sun · 尚潮流服饰馆”？因为顾客进店未必一定要买衣服，离开后也许就忘记了这家店的存在，如果在迎宾语中加上品牌名称“Sun · 尚”和品牌定位“潮流服饰馆”，顾客就会对品牌留下清晰的印象。下次逛街时，顾客会想到这家店，并主动进门。店长小乐以观念导入开始，让店员们知其然也知其所以然，为下一步推行标准化动作打下了基础。

第二步是标准动作的掌握。小乐利用一周的晨会时间，让店员掌握标准化动作，学习一个动作就运用一个。小乐身体力行地带着店员践行，并随时在工作中指正店员的不足。

第三步是评优选先。小乐给店里制定了服务标准化的优秀店员评比标准，对掌握服务标准化和运用得当的店员进行了奖励。其实奖品并不贵重，就是一个不到一百元的烧水壶和一张“服务标准化排头兵”的奖状。这样的奖励，让店员们积极响应、互相监督，效果很好。

第四步是养成习惯。小乐明白，不能只靠热情和奖励推行制度，在一个月的推行期后，小乐在店里实施了奖惩标准，对于服务标准化语言和动作要人人坚持，还要求老员工带新员工；对于服务标准化不规范的小组要记过和点名批评，记过三次的小组要处以罚款，其罚款作为季度优胜小组的奖品基金。互相PK、奖惩结合的方式，使小乐的专卖店顺利推行了标准化作业流程，在总部的督导暗访中，小乐家的店获得了最高分。

（点评：店长小乐的门店服务标准化成功推行，在于分步骤、分策略地实施。从改变观念到调整行为，再到养成习惯，在过程中调动了店员的积极性。）

陈老师总结

对于门店服务标准化作业流程的设计并非难点，最大的阻碍来源于终端是否会真正推行与实操，而在实操的过程中，最大的难点在于对行为的监督与习惯的养成。

好的门店服务流程推行势必会经历从标准化到固化再到优化的过程，也就是我们在咨询过程中经常采用的“先标准化地设计动作与语言，再让终端员工固化行为，最后再个性化地改造与创新”的过程。但在固化员工行为与语言的过程中，总会遇到旧习惯与新方法的对抗。如果不能突破这层阻碍，定会前功尽弃。要在终端推行好的品牌化服务标准流程，不能只靠店长一己之力，需要总部、代理商、终端商、店长以及店员的高度重视与通力配合。店长要做好观念的引导、行为的标杆、奖惩的公平与日常行为的持续督导。

③

导购也是品牌的形象代言人吗?

许多产品会根据自身的档次、定位、属性，选择适合的名人作为其品牌的代言人，名人使用某款产品对大众具有超级的引导性，顾客看到自己心仪和崇拜的名人在使用某款产品，往往会产生购买冲动，以享受明星专属的感觉。

一提到代言人，大家立即会联想到影星、歌星、球星等，却从来不曾想过，其实终端的导购也是代言人，同样影响着品牌的档次、代表着品牌的形象。店长在终端一定要给导购强调一个理念：“你就是产品的代言人！”导购的一言一行，都会影响顾客对品牌的认知与印象，顾客在与导购接触的过程中会情不自禁地在心里为品牌加分或减分。因此，店长要将导购的状态调整到与品牌同档次或略高于品牌档次。

实战演练

“我的形象影响品牌了吗？”

李明亮是“SK”高端男装服饰店的店员，之所以选择在这家店做导购，是因为他认为“SK”服饰高档次、高品质，接触的顾客群体也相对高端。可小李没有料到，今天遇到一位顾客，居然认为“SK”所销售的T恤根本值不了这么多钱。

事情是这样的。顾客进店后小李观察了一下，根据这位顾客的穿着打扮估计他买不起高档的服装，便没怎么管理他。随后顾客拿起了一套西服询问小李是什么面料，小李没正面回答，直接就说："贵重物品，如果不买，请不要触摸。这套西服六千多呢！"顾客一听就气不打一处来，气愤地回击："你们家的东西，我看也值不了这么多钱。别说其他的，就看你穿得也不咋样呀！领带歪着打，衬衫袖子脏兮兮，皮鞋上还有土，你胡子也都不刮干净——就你这形象、这态度，还销售高端服装？我看这衣服也好不到哪去！"小李被顾客这一番抢白后，面子上挂不住了："我们是高端服装店，你买不起，别乱评价！"顾客也急了："看你都这么低端，还销售高端呢？骗鬼去吧！"后来店长出面阻止了争吵，劝走了顾客，并针对小李的服务态度一顿猛批，冷静后的小李开始反省：难道我的形象真的影响品牌了吗？

（点评：小李的确是影响了品牌的形象与档次。首先，他以貌取人歧视顾客，让顾客感觉被冷落和侮辱。再次，他自身的形象，从服饰到仪容都有失端庄，在外在形象上就被顾客扣了分。综合起来，他在接触顾客的瞬间里，让顾客不仅不满意导购的接待，还连带着影响了品牌的形象。）

陈老师总结

"导购是品牌的代言人"这一观念，必须让终端每一位店员根植于心中，并践行在行动中。越高端的品牌越要在意导购的形象、气质、谈吐与内涵，从顾客进店到顾客离开都能感受到导购迷人的微笑、亲切的问候、贴心的关怀与"润物细无声"的销售，让顾客既迷恋导购又留恋品牌。

我们看看优秀导购小A服务顾客的一个场景。小A是某名牌空调店资深导购，特别擅长把握顾客心理，同时也特别在意品牌的形象。

某日，一对夫妻到店里来买空调，二人为空调的价格起了争执——先生执意要买价格高的，因为觉得要买就买个好的，省得再换；而太太比较节俭，觉得买个便宜的可以为家里节省开支。两人僵持不下，在卖场里吵了起来。

导购小A见势立即打起了圆场。小A先将先生叫到一边说："先生，您能找到这样的太太真是幸福啊，又持家，又节约，您该高兴才对。其实我是支持您的观点的，买个好的，功能多，效果好。您别再跟太太争吵了，我帮您去劝劝她。一会您就对太太说一句话——老婆，我是关心你才买好的。行不？"先生听后气消下来，便答应了。

小A又将太太拉到一边，讲道："太太，您别生气啊，您先生吧不是浪费，他是讲究生活品质的人。您看我们品牌的理念就是——给高品质、爱生活的人，您先生一定是想给您创造一个更理想的生活环境，对吧？……”后来，先生回到卖场，拉着太太的手说：“老婆，我想买个好的。你看你工作和生活那么操劳，现在也该享受一下了。这也是我表达爱意的一种方式，对吧？”太太一听，“扑哧”乐了，于是夫妻俩商量着买了贵的一款，临走时二人一边走一边感慨：“这家店的导购素质真高，服务相当不错！”

小A胜在哪里？胜在顾客在与其接触的每个瞬间里都感觉到了关怀与贴心，并在无形中体会到品牌的文化内涵，小A不仅让自已的形象变高大了，也增加了品牌的文化魅力。

④ 受到顾客指责时如何维护品牌形象?

俗话说，“萝卜白菜，各有所爱”，再好的产品都有钟爱者，也有排斥者。总有顾客会拿其他品牌来与我们的比较，甚至会说一些难听的话诋毁我们的品牌。我们用尽全力也无法让所有的人爱上我们的品牌，但我们可以创造更多的品牌追随者。一名职业化的导购应以开放的心态去看待顾客的评价，认可他们的某些观点，但也保持对自己产品的理解、忠爱。如果能改变这部分顾客的认知，当然最好；如果不能改变，就调整好自己的心态：“改变不了世界，我们就改变自己！”

实战演练

无理顾客的应对（情景一）

某日一个顾客走进商场选购抽油烟机，在比较了多家后，来到了“好太太”牌抽油烟机专柜前。顾客看完多款样机后，对导购说：“你们‘好太太’的名声没有人家‘好先生’的响亮！”

导购：“哪有的事？买‘好太太’的人比买“好先生”的多！”

顾客：“‘好先生’天天在电视上放广告，你们的品牌影响力不行呀。”

导购：“拿钱就可以打广告，现在谁还信广告呀？关键还得看效果。”

顾客：“瞧瞧你们家这台抽油烟机的外观，又大又笨，难看死啦！再看看这土黄的颜色，乍一看还以为是小孩子的便便呢……这么丑还卖这么贵……”

导购被顾客无理的评价气得脸都绿了：“你怎么能这样呀？有没有素质呀？”

（点评：结局不言而喻，肯定是导购与顾客不欢而散，顾客带着怨恨离开，导购还得气上好几天。有句话叫“顾客永远是对的”，有的学员会说：“陈老师，顾客这次真的错了呀！他说这么无理的话，真没素质。”其实，这是导购没有理解“顾客永远是对的”这句话的更深一层含义——即“顾客永远是对的，即使顾客错了，那也是我们不善于引导他们思考”。这位导购的失误在于，情绪被顾客牵着走，遇到顾客无理的话语时除了还击别无他法。）

无理顾客的应对（情景二）

某日一个顾客走进商场选购抽油烟机，在比较了多家后，来到了“好太太”牌抽油烟机专柜前。顾客看完多款样机后，对导购说：“你们‘好太太’的名声没有人家‘好先生’的响亮！”

导购：“是的，‘好先生’是不错的品牌。不过我们‘好太太’在国内也有相当不错的声誉呢，好多顾客都是我们的回头客，几十年了还在用我们的品牌，因为他们信得过‘好太太’的质量与售后服务。”

顾客：“可‘好先生’天天在电视上放广告，你们的品牌影响力不行呀。”

小孙：“对，他们是打了挺多广告。我们‘好太太’品牌的宗旨是口碑相传，我们把广告投入的费用折换成了保修期限。所以，我们的售后服务期限比其他品牌要多一年。这样，您不是得到更多的实惠了吗？”

顾客：“瞧瞧你们家这台抽油烟机的外观，又大又笨，难看死啦！再看看这土黄的颜色，乍一看还以为是小孩子的便便呢……”

导购：“先生，您真会开玩笑呀，这哪里像小孩的便便呢？它外观看起来又大又笨，其实是为了确保强大的抽烟威力，保证吸油烟的效果更好。而使用这种黄色，是因为抽油烟机若不注意清洗，在使用多年后，会形成黄色的污垢，而这种颜色能很好地掩盖这一弊端，保证您使用更长的年限也不会影响美观。”

顾客：“听你说得这么好，那我再认真瞧瞧。”

（点评：这位导购的引导功夫很厉害。他在应对顾客的语言中几乎没有“你错了”“你不对”“不”这类否定式语言；即使顾客说出来的内容具有“伤害力”，他也总是以“是的”“对”“您真会开玩笑”这样的话语，先肯定顾客的认知或是化解矛盾。他既没有说出抵触竞争对手品牌的话，又借势突出了自己品牌的优势，做得非常不错！）

陈老师总结

当顾客指责我们的品牌时，先别急着生气，不妨做一些有建议性的事情。

每个人对事物都有评价的权利，我们无法封住别人的嘴。而每个人的审美、价值观、认知都不尽相同，所以对同一个事物的评价，我们无法得出完全相同的结论。你认为好的，顾客可能觉得差；你觉得美的，顾客可能觉得丑；你觉得贵的，顾客可能认为便宜。所以，我们首先要接受顾客和我们认知不同的合理性。

当顾客觉得我们的产品外观丑时，我们设法让他看到外观的独特性；

当顾客觉得我们的产品功能差时，我们设法让他看到使用的便捷性；

当顾客觉得我们的产品价格贵时，我们设法让他看到功能的多样性；

当顾客觉得我们的产品一无是处时，我们设法让他明白存在就有道理！

⑤ 新店开业怎样“打响头一炮”？

所有老板都希望投资的店面能开张大吉，吸引人气赚个盆满钵满，并大大提振员工的士气。

可很多终端店面由于开业没有掌握造势方法、欠缺实施计划、无明确的销售目标、人员调配不力、店员经验不足、没有良好的促销规划而人气不旺，使店员的自信心受到沉重打击。

新店开业要做到四“要”——第一，造势要在前；第二，人气要火爆；第三，人员要到位；第四，货品要充足。这四点皆能到位，便万事俱备，只等盈利了。店长则要协助老板做好开业中人员、道具、活动、货品的全面管理。

实战演练

长春重庆路的“花样年华”家居服饰馆预计在“五一”节开业。为使其在消费者心目中建立良好的品牌印象，要在开业3天内达成12万元的销售目标，并通过开业促销活动吸引人气，我们为“花样年华”店策划了开业促销活动流程。

开业的造势

开业不是从开业那一天才开始的，而是在开业前就充分调动顾客的胃口，刺激顾客渴望购买的冲动，越冲动、效果越好！

1.开业前的造势方法。

（1）装修期也是广告期：装修一家店面大概需要7~15天的时间，这十多天如果不利用就是白白浪费。“花样年华”店在装修时采用设计精美的喷绘，打出促销的广告语“中国名牌 · 花样年华家居服 · 闪亮登场”，注明了开业和促销活动主题与时间：“五一开业，三天好礼送不停，新款特价仅此一家！”另外，还张贴了招聘广告，不仅写上了招聘店员的信息，还包括员工培训的照片，吸引人才的同时也推广了企业文化。

（2）良辰吉日的选择：最好选择在节假日开业，人流量大，进店率也高，显得热闹、有人气。冷冷清清的开业现场会影响业绩和员工的情绪。

（3）提前派单：开业前一周在小区周边和店面半公里内由店员进行DM单的派发，并设计好话术。如：“中国名牌 · 花样年华家居服饰馆五一节开业，当天来店即可领取特制精美情侣对袜，欢迎您的光临。”

（4）开业前的演练：开业前在店面周边人流量较大的路段设置产品展示台、宣传单和促销导购，让顾客提前预知产品信息。

2.开业当天的造势方法。

开业当天的造势包括店内和店外的氛围造势。店外要做到开业提醒醒目，店内要做到顾客购物热烈。

（1）店外的造势方式：店外造势可以选择的道具主要包括喜庆的拱门、彩旗、地毯、吊旗、气球、易拉宝、花篮等。要做到气势十足：比如花篮要多，上面要注明庆贺的、有影响力的单位名称；礼品摆放要有气势，堆头要大，给顾客感觉礼品丰富、有价值。

（2）店内的造势方式：

① 音乐：选择喜庆、热烈的音乐滚动播放。

②“金童玉女”：两位店员站在门口大声、热情地招呼过客：“花样年华，来店有礼，新款特价，仅此3天！阿姨您进店看看，机会难得呀。”一边招呼一边做好迎客的手势。

开业前的准备

开业活动工作流程表

完成时间	项目	控制要求
12天前	活动方案确定	确定活动方案、礼品
10天前	礼品采购	采购礼品，最好能在礼品上印有品牌logo
10天前	活动道具设计	活动氛围布置道具和广宣资料的设计
8天前	活动道具制作 DM单派发，持续1周	印刷、写真、制作 在店铺周围的超市出口、小区出入口、人流量较大的十字路口或广场等
3天前	活动道具和礼品到终端店	入终端店库
2天前	人员分工安排	对所有参与人员进行分工安排及活动培训，如收银、派单、销售分区、后勤等
1天前	活动现场布置及准备	氛围布置和陈列调整，相关物料准备，如单据、零钱、货品陈列、礼品陈列、音响、音乐、饮用水等
1天前	店内演练与检查	全程演练销售中会遇到的突发事件

注：此表格可以根据专卖店自身的情况进行项目的调整。

店员分工表

阶段	组别	人员	执行时间	执行重点
活动前	筹划组	1人	至少12天前（如物料准备的时间较长，时间还应往前提）	撰写促销方案，包括时间、地点、活动内容、刺激力度等
	物料组	1人	活动3天前	将活动所需的物料进行设计、制作、购买，准备到位
	货品组	1人	活动3天前	活动所需的商品礼品等准时到位
	派单组	3~4人	活动7天前 上午9：00—12：00 下午16：00—19：00	专卖店地铁口、车站、写字楼、小区的上下班时间，学校的上下学时间，超市、饭店的早中晚吃饭时间，为人流量较大的时间点，适合安排发单宣传，如有夹报须提前1~2天进行并监督导督分报过程

（续）

	卫生陈列组	2人	活动1天前	卫生、橱窗、音乐、区域划分、陈列。陈列的要求为：店门口处为超值特价区的花车或落地架，进门后销售区域分别应为价高的家居服、次高的文胸，其次中档的折扣产品
	氛围布置组	2人	活动1天前	店门外布置气球、横幅、海报、吊旗、特价牌、指示牌、音响、话筒等
	收银组	2人		准备：手工单、零钱、VIP、VIP档案表及办理、礼品、包装袋、工作人员的工作服
	导购组	4~8人	活动2天前	熟悉产品，了解活动内容，并针对相应的话术进行培训
	主持组	2人	活动2天前	准备和熟悉主持稿
活动中	派单组	2人	活动当天	在店门口附近或10米之内的路口进行顾客拦截
	收银组	2	活动当天	打包、开票、收银、VIP办理、发放礼品、统计当天的销售情况
	导购组	4~8人	活动当天	进行销售和推荐，其中1~2人专职找货品和补货
	后勤组	1人	活动当天	三餐、饮料
	主持组	2人	活动当天	在店门口进行活动内容及产品介绍，通过语言的吸引，使进店人数增加
活动后	氛围布置组	2人	活动后第1天	撤除所有活动道具
	卫生陈列组	4人	活动后第1天	卫生、橱窗、陈列，打扫卫生，恢复陈列

开业促销活动设计

主题确定：“花样年华”五一开业、进店有礼、购物有赠、新款特价、惊喜抽奖。

（点评：活动主题要让顾客一眼就能看懂，并产生强烈的进店欲望。要么是进店有礼、比如特价促销、新款上市，或者是明星到场等。）

1.进店有礼，凡在开业当天进专卖店的顾客，即可获赠花样年华特设精美情侣对袜。

（点评：清晰标注赠品的内容。现在来店送礼的很多，顾客不再为了一包餐巾纸进店闲逛。所以，礼品既要有新意还要实用。）

2.新品特价：春夏新款特价仅限开业3天，原价688元，特价99元，数量有限，快快来抢！

（点评：特价要有吸引力与说服力，关键是要体现“特”的力度和数量的有限性。）

3.凭证优惠：在开业活动期间，凭DM单到专卖店购物，可再享受15元的优惠（特价除外）。

（点评：体现DM单的价值，也让DM单在顾客手中“存活”的时间够长。）

4.四级好礼送不停：开业3天，消费满188元即送价值20元的礼品一件，消费满388元即送价值50元的礼品一件，当天消费满588元即送价值80元的礼品一件，当天消费满888元即送价值120元的礼品一件。

（点评：通过获得赠品的档次提升来创造更高的客单价。）

5.优惠办理VIP卡：开业3天，顾客只需一次性在店内消费满128元，即可申请办理“花样年华”VIP卡一张，享受全年新品9折优惠。

（点评：开业期间可以降低VIP的入门标准，建立更多的客户关系，为创建回头客打下基础。）

6.游戏活动：

幸运抽奖。购物满150元可参加抽奖活动，满150元获抽奖机会1次，满300元获抽奖机会2次，依此类推。每次抽奖可在抽奖箱中摸出一个乒乓球，如果乒乓球上——

（1）标有“1”字样即获得一等奖：价值188元的家居服一套。

（2）标有“2”字样即获得二等奖：价值40元的拖鞋一双。

（3）标有“3”字样即获得三等奖：价值10元的纯棉袜子一双。

（点评：增加购物时的乐趣与喜庆的氛围，提升顾客的满意度与对品牌的好感，既可提升客单价，又能让顾客获得更多的价值。）

陈老师总结

店长可以参照上述表格和流程来为自己的专卖店设计开业促销活动。在实施的过程中仍需要注意防止如下问题发生：

1.顾客过多，收银台忙不过来，或是没有零钞。

2.货品不足，补货不及时。

3.货架设计有缺陷，导致顾客在店内拥挤难以流动。

4.货品或现金丢失。

5.收到假钞。

6.店员对货品不熟悉或介绍不清楚而影响销售。

7.分工不明确，人手不足。

8.匆忙中将有质量问题的货品上柜，影响了诚信。

9.货品编码没输入电脑，导致收银员无法输机入账。

10.店员热情不足，情绪没被调动起来。

第七章

精于算计，加强库存管理

店长要精于算计，加强库存管理。要善于科学订货，通过“组合拳”实现高盈利，既能有效防止断货发生，又能将季末滞销品“变废为宝”，让断码货“起死回生”，实现低成本库存的同时确保销售业绩的提升。

①

合理库存规划，如何从科学订货开始？

如果一听到库存就觉得头痛，说明你对库存并没有合理的认知。任何产品从厂家进到终端店的时候都是库存，终端做的事情就是将库存变为现金。有的终端在库存管理不成熟的阶段就盲目追求零库存，这是不理性的思维方式，只有合理化的库存管理才能协助终端创造盈利。库存管理的系统化流程包括：

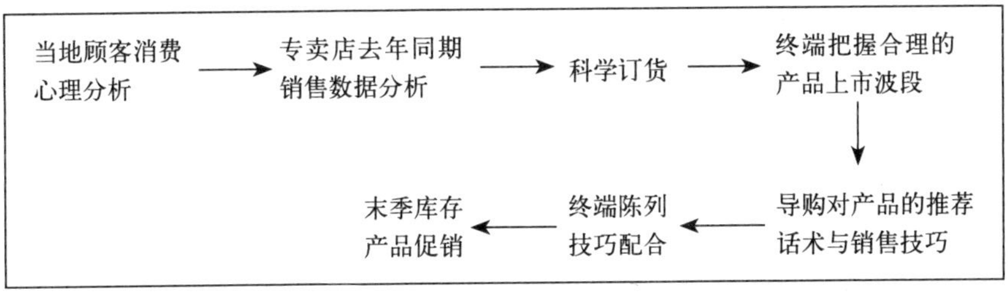

终端产生库存的原因可能有很多，包括所订的货不符合当地消费者的需求、错过黄金上市时段、导购销售技巧存在问题、组织货品结构不合理、周边环境整改影响销售等。

实战演练

过度依赖爆款

王总带着店长小李去参加总部的春夏新品订货会，订货会之前王总特别指示小李，订货会上一定要看好爆款、多订爆款，回到当地市场可以大卖特卖。订货会上，小李通过自己的喜好判断10026款和20035款色彩亮丽、款式流行，一定可以在当地销售火爆，于是特别对这两款下了大量的订单，而为了防止库存，其他货品的订货量并不大。小李想好了，如果货品不足，可以随时再跟进。结果并没有想象中的美好，春夏季结束后，这两款非但没有成为爆款，反而成了积压库存；其他订单不多的货品却成了畅销款，但由于订货量不大，再次订单到货的周期又太长，最终销量受到了影响。

（点评：这次订货失败的原因在于——

1. 终端过度将赢利赌在了爆款上，而忽视了一盘货整合的力量。

2. 店长对市场分析不科学，虽然有经验，但没有分析数据，对流行趋势把握不准。

3. 爱上自己的创意，觉得自己喜欢的顾客就一定会喜爱，没有分析目标顾客群的心理。

4. 断货也是成本，比库存产生的成本更可怕。比如说，零售价100元的产品，进货价是50元，如果以40元处理价销售出去，会亏损10元。如果断货，1件损失的就是50元。从这个角度来讲，每产生1件断货，就等于产生了5件库存。这都源于进货量不足。

5. 依赖随时补货，却没有想到补货周期长。）

陈老师总结

在终端销售时，顾客也有“情绪成本”。我们来看一位顾客的进店遭遇。

顾客：“这款不错，有红色的吗？”

导购：“对不起，没有，但有紫色的，也不错哟。”

顾客：“还行，那有小号吗？”

导购：“对不起，只有中号。”

顾客：“那白色的这款有小号吗？”

导购：“对不起，没有。”

顾客：“那蓝色有加大号吗？我想给我妈带一件。”

导购：“这个还真没有。”

顾客：“你们怎么啥也没有呀？”

导购：“哪里呀！您看我们有这么多款式呢！您都看不上呀！”

统计后发现，顾客在听到3个“没有”以后，心情就会很失落，无论卖场里有多少货品，都会觉得无法满足自己的需求，而最终选择离开。我们把这称为“情绪成本”。因此，充足且科学的货品数量对于终端来说也是盈利的重要保障！

在散货制走向订货制的必然趋势里，加盟商掌握订货技巧成为必需的能力，而店长要在订货时提供科学的数据和合理化建议。那店长如何协助老板订货呢？

订货前的数据收集与分析

收集数据	分析重点	对于订货的作用
去年同期销售额 去年同期销量类别占比 去年同期库存类别	要对去年同期的销售额占比进行分析： 全款销售的款式有哪些，占比多少 打折销售的有哪些，占比多少 特价促销有哪些，占比多少	预计今年同期的订货总额 预计今年同期订货的款式类别 预计今年同期订货的组合方式 预计哪些会是当地畅销款
各类别销售量占比分析	以女装中的裙子为例，套裤的销售占比、连衣裙的销售占比、超短裙的销售占比（但注意，女装流行趋势变化太快，要注意适合当季特色）	预计各类款式的订货比例
尺码占比分析	当地顾客中各类尺码分别占比多少	预计各类尺码的占比
色彩占比分析	各种不同色彩的占比分析	预计当地顾客喜好的色彩趋向
其他占比分析	面料、花型、价位等	预计哪些类型更受当地顾客喜好
业绩增长预测	根据往年的销售数据，计算出业绩增长率，计算今年的盈利额，推算进货总量	预计所订的货是否能满足销售业绩增长额

2

货品怎样通过打“组合拳”实现高盈利？

“一招鲜，吃遍天”的追求爆款心理投机性太强，极有可能产生库存积压的情况。如何才能将订到的货品变为增长的财富呢？技巧就是要掌握一套订制货品的“组合拳”，终端导购要推荐连带商品。老板销售了四五个品牌的服装，店内货品搞起了内部竞争，其中一两个品牌盈利，其他几个品牌失利，内耗过重，总体亏损，这是因为在订货时组合失误导致的。合理地组合货品是保证销售得力的重要基础工作。

店长要在订货时，协助老板打好“组合拳”：

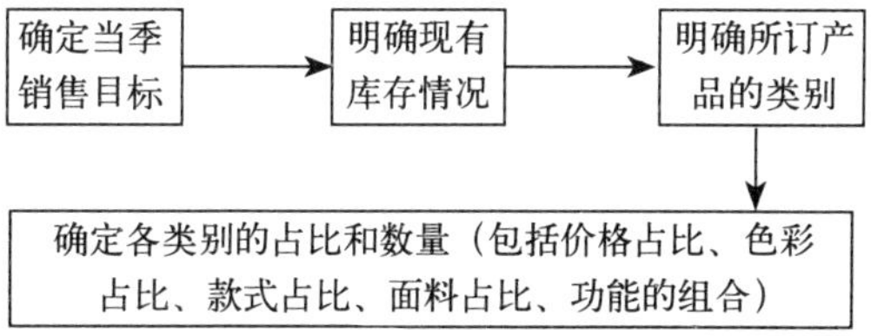

实战演练

内衣店的成功“组合拳”

贺总的内衣门店里主要销售文胸与小裤，前几年镇上同类门店不多，业绩还算理想。可这几年来内衣门店的竞争越发激烈，贺总的门店货品已经无法满足当地市场的需求。于是贺总想到了组合货品。贺总增加了与之前文胸相同价位的不同品牌，由于新进文胸品牌的花形与款式与之前的有差别，两款文胸还算是相安无事，各得其利。但贺总对业绩并不满意，于是又进了其他几种不同价位的产品。贺总原本想进不同价位的产品以满足更多的顾客群体。没有想到，现实的情况是：有的顾客进店来觉得价格贵了，有的顾客觉得价格低了，实在是众口难调。于是贺总开始思考他的内衣门店到底要组合哪些产品，贺总将这个任务的调查工作交给了店长小余，让小余提出组合货品的计划。小余非常尽心，跑遍了周边大大小小的同类店面，收集了同行信息，加上自己几年来的经验，向贺总提出了组合的建议。

内衣门店的产品季节性虽然没有大装明显，但仍然会有差异。春夏季节，产品主要以整合文胸、小裤、吊带背心、家居服、吊裙、丝袜、调整型内衣等为主；秋冬产品主要以整合文胸、小裤、秋衣、保暖内衣、调整型内衣、家居服、棉袜品为主。试想一位顾客在夏季进店后，我们在主力推荐了文胸和搭配的小裤后，还可以为她组合吊带背心、丝袜，如果她对自己的身材不满意，我们还可以推荐搭配一套修正身材的调整型内衣。冬季进店的顾客可以向其连带推荐秋衣或保暖内衣，这样可以提升客单价。丝袜和棉袜可以分别作为当季的促销品或赠品，也能提升顾客进店率与成交率。

产品的组合类别有了，接下来就要分析不同类别的占比结构了。小余综合往年店面的销售占比数据、店面陈列面积规划，总结出了各类别占比的订货计划。

春夏季货品组合计划

分类	说明	货品类别	货品说明	占比参考	陈列比例
集客品	特价款或低价款，没有太多毛利空间，主要用于吸引顾客眼球与提升进店率的产品	特价品 低价位货品	春夏时尚短袜 色彩亮丽的小裤 打底用的经典、低价位吊带	5%	入口处花车位置

（续）

分类	说明	货品类别	货品说明	占比参考	陈列比例
畅销品	销售量大，毛利一般	经典文胸款 经典调整型内衣款	传统文胸经典款，货号×××× 调整型内衣经典款××××	45%	右侧副通道黄金货柜区 模特展示提升连带销售
常规品	销售量较畅销品次之，毛利空间较高	价格较高的文胸与调整型内衣	全家家居套装 亲子装	20%	左侧副通道黄金柜货柜区 模特展示提升连带销售
形象品	档次高端，含高科技面料或特殊功能产品，毛利空间最大	功能型调整内衣 能面料的传统文胸	含红外线面料的功能型调整内衣，货号×× 桑蚕丝、蛋白面料的美容、保健睡衣 含磁面料的传统文胸	20%	右侧副通道底部流水台 模特展示提升连带销售
辅助品	非主卖品，主要为提升或连带销售，所占面积不用太大	中等价位、中低价位的家居服 小裤 丝袜	小裤 中低价位家居服	10%	收银台处找零用品 卖场底部特价区

通过以上表格，小余很清晰地计算出如何利用现有资金订出一盘货，每个类别的货所占比例与陈列位置。接下来，小余要做的就是将每个类别再细分成款式了。

贺总对小余的答卷非常满意，他俩开始商量接下来每种货品的主推方式，同时，对今年春夏的销售目标达成更有信心了。

陈老师总结

小余对服装门店的订货有着系统化的思考，也进行了量化分析，更考虑到了有限空间的占比。这值得店长们学习。

要特别注意的是，每个区域的顾客喜好、尺码大小、季节变化、消费习惯都会有较大的差别。在订货时，一定要结合到当地的实际情况。像上述案例中，若是在西南地区，如昆明，四季如春，考虑保暖服装是否需要整合；而在北方某些区域，夏季时间较短，积压太多夏装会形成库存。

对于货品组合拳产生的连带销售，终端店可以制定相应的激励政策，如“最高当日连带销售奖”，实施现金奖励，来激励员工通过货品组合提高客单价。

③

通过计算安全库存可以预防断货吗?

畅销款一旦销售完毕，就意味着需要补货。而向总部或代理商处补货存在周期（即时间成本）的问题，产品如果有较强的季节性，一旦补货时间太长，到店后反而就成了库存。可补不上货，浪费了黄金销售时间也同样等于亏损。是零库存无货可卖损失大呢，还是有库存但积极去销售损失大呢？如果在订货时，店长能帮助老板考虑好安全库存的问题，就能避免以上两种损失了。

安全库存又称保险库存，是指为了防止不确定性因素（如大量临时性缺货、交货期突然延期等特殊原因）而预计的缓冲库存量，从而保证终端不至于出现断货的情况。可能某些终端店还没有数据支撑和专业化的管理软件来实现科学化的库存管理和计算安全库存量，但店长和加盟商一定要有安全库存的意识，并逐步推行专业化的库存管理系统。

实战演练

如何计算安全库存

“爱萌萌”内衣店货号2864款，每天平均销售3件，如果需要从代理商处补货，总部到代理商的时间大致需要20天，从代理商处再到终端店铺需要3天时间。如果保证货号2864款不出现断货的情况，“爱萌萌”内衣店该款的安全库存量应该是多少？目前“爱萌萌”内衣店该货号的产品库存有13件，请计算出最高存量和补货量。

安全存量=3件× (20天+3天)=69件

最高存量=69件×2=138件

补货量=3件×（20天+3天）−13件（库存）=56件

也就是说为了防止出现断货，该店最少需要补56件货号为2864的产品。

“爱萌萌”内衣店安全库存汇总表

款号	日均销量	安全库存量	现有库存	补货量	单价	金额
2864	3	69	13	69—13=56	100	5600

陈老师总结

店长要对安全库存、最高库存、补货周期、补货量进行科学的量化计算，既不能出现库存积压，又不能出现畅销品断货的情况，保持库存与销售的平衡。

日均销售数量：指商品每日的平均销售件数。

安全库存=为防止出现断货而计算出的最低保险库存件数=日均销量×（补货天数+上货时间）

最高库存=安全库存×2（通常情况下，以安全库存的2倍作为最高库存量）

补货周期：补货需要的时间（从总部到代理商，从代理商到终端商处的总计时间）。

补货量=[日均销售数量×（补货天数+上货时间）]–现有库存数量

请参照以上方式，计算出自己店铺中的各项库存管理指标，来指导终端库存管理吧。

④

如何将季末滞销品“变废为宝”？

季末滞销品看着就让人烦心，要彻底处理、消化，不使用点技巧，还真不是易事。如果终端商只是简单让利抛售，难免心疼。怎么将滞销品“变废为宝”呢？其实，如果在订货时就想到防止滞销品的产生，兴许结局会好一些。

我曾经遇到一个相对极端的案例。一家内衣店，全国都反映的滞销品在他们家销售得特别好，而其他家的畅销货品在他们家一件都走不动。原来那家店的资深导购本人非常喜欢那款滞销品，自己也用那一款的文胸。每次顾客来时，她总是自信地推荐这款产品，她的热情和信心极大地带动了销售。而一旦涉及其他货品，在这家店就走不动了。因为这位资深导购没有太多兴趣去推销其他货品，结果，畅销款都成了积压品。

这个案例说明了什么？导购对货品的熟悉程度、货品的信心、是否喜欢自己所售的商品、是否了解自己的产品成为货品是否畅销的重要原因。所谓那些“款式不好看”“顾客不喜欢”“色彩太艳丽”“价格太贵”都不过是导购推不出货品的借口。导购心态调整好了，技巧到位了，没有销售不出去的货品。

但无论我们如何努力在心态、技巧、陈列等方面进行调整，滞销品总会产生，只是说比例会有所下降。一旦发生如何处理呢？

实战演练

把滞销品变废为宝

“佳源”内衣店的店长李明露年终盘点时，发现店内库存积压严重。张老板刚投资这家店面，由于订货经验欠缺，在实施订货制的总部一股脑订了一大盘货。到年底时发现一些色彩艳丽、型号过大的调整型文胸成为滞销款。这些款式若是等到明天开春就更不好卖了。如何处理消化掉它们成了难题。

区域督导洪晓得知后，到店里来和张老板、李店长一起做了沟通。为啥色彩艳丽、型号过大的调整型文胸在店里就走不动呢？经过分析发现，当地顾客在夏季喜欢肤色的文胸，这样比较好搭配衣服。而当地女性的身材比较娇小，大尺码胸型的文胸自然购买量少些。而且调整型文胸在当地接受程度还不太高，顾客都习惯穿传统文胸，所以顾客通常会选择其他类型。由于最初销量不好，导购们对这款也就失去了信心，一有顾客进店，导购们担心推荐失误，心态上就先将这款文胸冷落到一旁。最后，这“爹不疼、娘不爱”的款式就成了滞销品。

原因分析出来以后，督导小洪给出了建议，并和张老板、店长一起采取行动。

消化库存行动第一步：学习产品知识，树立产品信心。这款色彩艳丽、型号过大的调整型文胸并非没有市场，只是导购们对其产品的属性和功能不太了解。督导小洪将导购们集中起来教授了调整型内衣的推荐话术，并在现场让一位胸型大的导购穿上了这件内衣。大家惊奇地发现，这位胸部稍显下垂的导购穿上这件内衣后，胸部立即变得挺立、迷人了，它比传统文胸更有提胸、塑形的作用。

消化库存行动第二步：利用假日，开展促销活动。开春就到“三八”节了，正是文胸促销的大好时机。为了提升进店率与消化本款库存，督导建议不要盲目打折，因为盲目打折会影响品牌在当地的形象。但可以将本款文胸作为促销活动款，采用试穿即有礼、购买即送小裤的方式。这样促销可以提升试穿率和成交率。

消化库存行动第三步：合理激励，提升干劲儿。对已经形成的库存，如果导购们卖力推荐，仍然可以推动销量。比如这款推销出去1件，导购可以获得10元的奖励金。其实奖励金额不用设定太高，否则会影响到当季畅销品的主推，反而形成更多的库存。所以，适当、合理的激励是很重要的。

消化库存行动第四步：促销广告，POP配合。消化库存的产品通常不会陈列在黄金区域影响主力产品，但也不能让它们就此销声匿迹。可以在促销区内进行简单的陈列，运用半身模特或是POP的方式进行说明，既要让顾客看到，又不能影响畅销品的销售。

四步法实施后，导购们热情高涨，对产品信心大增。导购们见到进店的妹妹，只要胸型偏大，立即用专业的话术引导试衣；只要试衣觉得有效，顾客大多会埋单，就算是顾客提出异议，说这款太艳丽，导购们也会自信地说："是的，是艳丽，配上小裤还很性感呢，既性感又塑形，给自己和老公一个惊喜哟！"劣势被导购们转化为优势，顾客基本是试一个成交一个。不到半个月，库存基本消化得差不多了。这再次证明，没有卖不出去的产品，只有不懂销售的导购。

陈老师总结

这个案例给我们哪些启发呢？

1.导购们对产品知识的了解与自信是产品能否畅销的关键因素。

2.导购们要对库存品有所了解，一旦遇到合适的顾客要主动推荐，不要让滞销品成为终端业绩的"隐形杀手"。

3.除了打折以外，还可以想出多种办法来消化库存，包括捆绑销售、买赠、有奖销售等。

4.为防止品牌形象受损，每季指定时间实施特卖场，"忍痛割爱、一次消化、转化现金"。

5.通过物质奖励，激励导购带动滞销品的销售，滞销品也可以打出"组合拳"。

⑤

断码货就只有死路一条吗?

季末处理滞销款还算不幸中的万幸，至少可以做低价位促销。可遇到断码货就无计可施了，最好销的加大号、大号、中号总是能找到顾客购买，而超大号和超小号要销售出去就难上加难了。有的专卖店特开辟了“断码区”，低于进价销售，可放在那里多年也仍然无人问津，好多货品最后都放出了质量问题。如何给看似死路一条的断码货一个起死回生的机会？店长不妨试试改变思路。

实战演练

断码货的起死回生

“她 · 爱心”徐州的内衣店在年终清理出一大堆断码货品。之前店里不是没做过促销，只是低价销售时断码货品也一动不动。闲置近一年后，导购们都忘记断码货的存在了。如何将“死货”变活，老板、店长和导购们一筹莫展。幸运的是总部加盟商大会时，徐州店的老板徐总向扬州店的扬总学习了很多消化断码货的实用方法。

扬州店的扬总做内衣已经有十多年时间了，经验丰富，盈利也不错。可再好的店面也会存在断码货的情况，如何处理呢？我们看看扬总的四招。

1.把“死货”变成“翘货”。扬总总结出内衣中最容易出现断码的主要是胸大型如D杯、F杯的文胸，因为当地胸型主要是娇小型和B杯、C杯。超级性感的姐妹毕竟是少数，所以，一款经典款式的肤色F杯有二十多件库存成了断码款，一动不动。扬总想了个促销的办法，将这款F杯套在半身模特上，用POP标注在店外和店内：“能穿着F款的，一定是扬州城最美的胸型。买就送本品牌特别提供的护胸奖金100元！”许多经过的顾客都遗憾自己没办法穿着，但口碑相传，没有购买的顾客会介绍自己认识的胸大妹妹来试穿。购买文胸的妹妹不仅价格上优惠了，心里还美滋滋的："自己是最美胸型的女人。"半个月的时间，20件存货已经所剩不多。

2.促销"噱头"，组合出击。情人节，扬总的店外POP写着："送给情人最真的爱，内衣店买满688元即可赠送3688款的价值168元的睡衣一件，送完即止。"而赠送的这款3688正是只剩下加大号的断码款。顾客会质疑："为什么只有加大号了呢？"店里的导购会解释说："真的不好意思，因为我们正价款实在是卖得太好了。而这款赠品的销售也非常好，我们也是赠完即止。所以，赠品现在只有加大号了，您再不决定可能连加大号都没了。其实这款睡衣的款式和色彩都不错，反正是赠品，您可以看看家人有没有适合的。以后留着送人也不错哟。"

3.内部消化，低价销售。公司规定：出现断码货时，如果内部员工有需求的，可以进行低价销售，这也是解决断码货的一个渠道。

陈老师总结

断码货主要出在订货时，没有考虑当地市场顾客的喜好、码数，或在销售时错过黄金期。因此为了杜绝断码货，在订货前要有数据分析。如果出现断码现象，老板也要忍痛割爱、回笼资金，而不是让其积压在货库里成为一堆"死货"。

⑥

形象款只是做做形象吗?

去总部订货时，总部强调形象款会突出品牌的档次，所以建议加盟商订形象款，提升品牌在顾客心目中的良好印象。形象款因为价位偏高，极有可能由于导购欠缺销售经验与销售方法而成为滞销款。如何让形象款既能带动品牌形象，又能产生销售业绩呢？我们要先改变对高价位货品的认知，要明白：再贵的产品也有顾客会认为便宜，而再便宜的产品也有顾客认为太贵。不要有几位顾客进店后盯着形象款说"怎么这么贵，谁会买呀"，导购们就失去信心。有句话叫"货中看客"，意思是说喜欢这款货的人，不管这款货是什么样式，无论这款货价位多高，也阻止不了他的喜爱。只是导购们一定要寻找到或挖掘出顾客的需求。

实战演练

形象款的促销策略

“麦新”皮具店新季上市的新款皮包中有3款形象款，价位在3000元以上。而“麦新”包的产品价位在800~1200元。超过2000元，大多顾客在接受时就会有难度。今年的形象款由于皮料的选择、工艺的处理与款式都有所突破，所以价格上涨了。形象款到店后，资深导购汪春茗很快将形象款统统售出。小汪总结了她成功的3个经验。

1.抓住VIP客户。VIP客户最大的价值来源于他们既熟悉我们的产品，又对我们非常信任。所以，新的形象款上市后，小汪首先想到的是给自己熟悉的、十几位有消费实力的老顾客打电话。小汪的电话话术也针对性很强：“张总，我们麦新店到新款了。我觉得有一款特别适合您。您每次来我们店里都觉得我们的货品款式不错，就是在皮料上还需要改善。我就是想告诉您这个好消息，我们店的新款在款式上是您中意的，并且在面料上也采用了德国最先进的压花皮具工艺技术，绝对和您的身份、形象很匹配，正因为是形象款，到货不多，我给您留了一件。您一定要来看呀。”对VIP客户的逐一跟进方式，让小汪销售了两件形象款。

2.FAB——亮点介绍。顾客只会为能给自己带来价值的产品埋单，但如果他没有体会到价值时，再好的产品也会与他“失之交臂”。因此，导购在介绍产品时要擅用FAB。FAB是3个英文单词的首字母组成的——F（feature）指产品的特点，A（advantage）指产品的优点，B（benefit）指产品带给顾客的利益。顾客只会为利益买单。举个例子：“这台空调运用了德国的电机，所以很省电，能给您节约不少的家庭开支。”对顾客来说德国电机是特点，节电是优点，节省家庭开支是顾客的利益。而顾客更看重的是自己的利益，所以在这句话中，最能说服顾客的是利益——省电。价值三千多的包，贵一定是贵得有价值，它的价值能给顾客带来什么呢？小汪为形象款也设计了话术。

顾客：“三千多，好贵。比你们家以前的货品贵多啦。”

导购：“是的，肯定要贵些。因为这款是我们公司邀请国际上知名的意大利皮具设计师乔·安特先生亲自设计的，结合的是新年国际上流行款式编织牛皮包，这种编织工艺难度非常大，不是每家皮具都能做出这样的风格。国际大师的设计加上高端的制作工艺才有了这款包的大气、时尚、经典的魅力。我觉得您平时比较喜欢穿职业装，很稳重、有气质。如果再配上我们这款编织牛皮包，会显得稳重中带着时尚感，气质中显出厚重感。您的朋友、生意伙伴一定会觉得您是一位有生活品位的人。”

顾客：“好是好，就是清洗不容易。”

导购：“是的，好的产品保养是非常重要的。所以我们店将无偿、永久给您义务清洁。您可以放心使用。”

顾客：“说得这么好，那我买一个。”

这位导购的回答从来不否定顾客，对顾客的任何问题都以肯定开始，在介绍产品时使用了FAB的表达结构，让顾客感受到了产品的价值。

3.磁石陈列。小汪利用卖场的流水台对形象款进行了重点陈列，通过灯光、环境布置让顾客被陈列所吸引，感觉到了产品的档次，也增加了顾客的关注度。

陈老师总结

形象款最能代表一个品牌的趋势和最高档次，可以作为“镇店之宝”。它的价值主要体现在提升品牌形象、代表品牌的最高定位。导购要观察进店的顾客，判断其是否有消费实力。VIP中的实力派、有消费实力和眼光，追求高品位的顾客可以作为重点推荐对象。导购在介绍时要充满自信，演绎产品时多用故事情节感染顾客。

第八章 顾客体验，抗衡电商法宝

电商冲击下的传统门店业绩下滑、渠道经营方式备受煎熬。然而冲击摆在面前，逃避和咒骂都不是解决问题的办法。唯有强化门店的核心优势、深挖顾客价值才是王道。

1

电商打击下的门店经营该何去何从?

电商冲击下的传统门店业绩下滑、渠道经营方式备受煎熬。每次培训代理商、加盟商时提到电商，无不让终端经营者们恨得牙痒痒。然而冲击摆在面前，逃避和咒骂都不是解决问题的办法。唯有强化门店的核心优势、深挖顾客价值才是王道，否则终端的路只会越走越窄，业绩亦会日趋下降。

终端门店相比较于电商来说，面临更大的经营压力，资金投入方面，房租节节看涨、员工薪水持续提高、进货成本不断增加、竞品数量越来越多、商品同质化严重，就这些都足以给终端商造成巨大的压力。更不要说在经营和管理中遇到的问题，包括员工流动频繁、内部团队建设等。在终端有一句俗话：“一肥遮十丑。”懂这句话的人都知道它在述说一个事实，只要门店业绩好，其他的问题都不是问题，或者只是发展中必然出现、但可以解决的问题。而如果终端业绩不好，一个小问题都足以让终端店面倒塌。业绩为王，才是硬道理!

相信各位终端商老板、店长一定不愿意在自己的门店见到下列现象吧:

一位进店的客人饶有兴趣的试用和比较产品，导购也介绍得激情四溢，当顾客临门一脚准备埋单的时候，却找了诸多不是借口的借口闪人了。也就在这一幕之前，顾客早就趁导购不注意用手机照下商品的货号、尺寸、价格。顾客晚上回到家里，从网上购物商场购买了，而所花费的价格可能比实体店便宜太多。看到这样的情景，终端伙伴在痛骂顾客没良心的时候，有没有深入思考过，顾客为什么会离你而去?是什么将你的优势取代?你可以和电商抗衡的优势到底在哪里?

在我们寻找和深挖实体店的优势前，必须先了解电商的优劣势，才能更好地开发自我的潜能。

为什么有些顾客会选择电商，而有些顾客会放弃电商呢?

我访问了几位网购的大咖级人物，听听他们的心声吧。

玛丽：“电商价格更便宜，能节约银两，当然选电商啦。”

多芬：“电商可选择面很广，几乎没有找不到的货品，如果去实体店买齐东西可能会跑好多家呢。再说了，时间也节约很多呀，我能在上班的时候享受购物，真是爽快呀。炎热的夏天也不用出门采购了，简直太便捷啦！”

爱莉：“上班、育儿、家务已经占用我太多的时间，我只有晚上小孩睡着了那点点可怜的时间可以用来购物，那时候商场早关门了。电商是我唯一的选择。”

可可：“电商有顾客信用评价体系和顾客留言系统，我可以很快的识别出这个卖家的信用程度，他是否销售的正品？服务水平如何？售后体系怎样？一目了解，很容易掌握，真实性也强。”

美丽：“现在的购物网站分类很强大，有专注电器的、母婴的、服饰的、化妆品的，甚至还有专注食品类的，连高端品牌特价的都有，需要什么到分类的网站上去购买就行，正品可信度也很高。既是正品又很节约，何乐而不为呢？”

几位网购大咖极具代表性，他们享受着网购带来的价优、便捷等实惠。这也让我们看到了互联网时代电子商务给整个社会带来的正面贡献。

即便是在电子商务迅猛发达的今天，大陆的电商依然存在着种种盲区，以致部分消费者仍然对网购多有微词。我们来听听逛门店的铁杆粉丝们的说法吧。

春兰：“我是不会网购的，所谓眼见为实，网上的东西只是张图片而已，根本不知道实物是啥样子。钱花得不放心。我还是喜欢去门店购买，看得到、摸得到，心里踏实。”

何哥：“我买东西讲究的是速度，网上买运输就得五六天，太浪费时间了。我直接去门店买了就走，直接就可以用了，多方便呀。”

娇娇：“我以前也网购过，那位卖家的信用度也很高，可是东西和正品相比还是有差距的。我感觉自己是买到假冒商品了，和卖家理论后卖家拒不承认。害我既买了劣质品还损失了钱财，搞到心情不佳。至此以后，再不相信网购了。”

莅妮：“商场也经常打折呀，相比而言，价格差不多吧。好的品牌网上的价格也不便宜。我去门店消费还能积分呢，积分到一定程度还有赠品呢。”

柯蓝：“我很喜欢购物的经历吧，去逛街的过程本来就是一种享受、一种体验。在网上对着的就是死板的图画，去逛街可不一样哟，色、香、味、身的综合体验吧，还可以和导购们聊聊天，打发打发时间，很有趣呢。呵呵。”

卫东：“我觉得门店更靠谱些吧，跑得了和尚跑不了庙呢。万一遇到退货、投诉总能找到人吧。网购我感觉不太靠得住，最近看新闻说什么买家给差评的，还被卖家寄了‘灵牌和寿衣’，实在是可恨！甚至新闻还报道快递的货品遇到了泄露的危险化学药品，顾客买了一双皮鞋却被毒死的惨剧，像这类事情要投诉都找不到地方呀，实在太可怕了吧。”

小新：“我在网购服装时，看着图片上的衣服特别好看，模特穿上简直美若天仙。兴奋的连拍三件，快递到家以后，激动得立马穿上，结果简直不忍直视。感觉自己就是屌丝青年的典范，要有多丑有多丑。真是后悔得要命，虽然卖家是退了货，但是过程极不愉快，自己也失去了网购服装的心情。”

多多：“我觉得门店和网购并不矛盾呢，从服装而言门店的大多是新品，网购新品也不便宜吧。我一般服装、化妆品会去门店买，因为服装可以上身试，而化妆品是用在脸上的，一定要保证正品质量吧。其他的小物件，又不急着用的，我会选择网购呢。”

……

各位终端商、店长倾听到顾客的心声以后，我相信你们已经能总结出门店较之电商最大的差别与优势核心之所在了吧。

现在电商为了赶超门店，也在送货速度和保证正品方面做足了工夫。那门店还有什么优势可以与之对抗？我个人认为门店的核心优势一定要突出在“体验”二字上。因为，网购是永远无法做到在“体验”购物中获得快感的。

万达集团董事长王健林和马云有一个著名的对赌，马云认为10年内电商在中国零售市场份额超过50%，而王健林认为消费者在实体店消费更多是基于购物体验以及购物过程中“炫耀心理”的满足，电商购物无法取代消费者在实体店体验消费的乐趣。

从目前的形式来看，电商对传统门店经营显然不是毁灭性的打击而是冲击，两者必将走到“互为补充、竞争共存”的格局中来。事实上，行业中很多高端品牌并不会选择电商的经营方式，即便是选择电商，其价格与线下相差无几，有特价品也肯定保证档次没有线下的高、品种没有线下的丰富或者只销售过季产品。这样的经营格局必然会让指定品牌的消费者失去网购的兴趣。

今天的商业格局正在发生剧烈的变化，所谓线上线下并没有形成成熟的统一体。面对现状，“顾客体验”必将是电商无法触及的领域，也是门店必须突破的核心和建立优势的不二法门。如果各品牌、各门店没法在体验式消费的浪潮中做出顺应时机的转变，那结果只能是被市场抛弃。

②

什么是体验式销售?

如果说“顾客体验”是应对电商的不二法门，那我们首先得了解什么是“体验式销售”。

顾名思义，就是通过顾客体验产品的形式进行销售，让顾客亲自来店使用与感受产品的作用与价值，当他亲身体会或试用以后，除了自己会购买以外，还会将产品推销给其他客户。

当然，概念说来简单，核心还是顾客在体验过程中的每一个真实的瞬间、每一份内心的感受，通过导购为媒介，对产品进行解说，对顾客心理进行引导，创造更多的顾客互动、共鸣而最终达成成交。通过我们在终端的多年实战总结，核心是三点：一是对卖场的体验区的整体规划，使顾客在卖场动线的引导下能自主参与体验，并对产品产生高度的兴趣；二是关于顾客体验过程中的流程设计，一环紧扣一环地让顾客对产品从陌生到产生兴趣，最终走向信任；三是导购的话术设计，让导购注意在每一个环节里如何引导顾客心理的变化，最终走向成交。

实战演练

家具界的标竿——宜家的成功给我们的启发

据权威数据显示，每年会有3亿人成为宜家的铁杆粉丝会员。我也毫不例外地在宜家重庆建立卖场后，成为它的会员。宜家的优秀之处，从定位、广宣、质量、价格等不胜枚举，今天要重点谈的，是它的卖场动线设计对顾客体验的重要作用。

重庆的宜家是目前亚洲最大的标准店，加上车位大概有4.5万平方米。与其说它是家具卖场，不如说是以家具为主的主题公园，实在是让购物者享受了视觉、触觉、听觉、味觉等多重体验。许多到店的顾客即便是可以通过网购轻松获得宜家的产品，也不愿放弃到卖场来亲身感受与购买的机会。这又是什么魅力呢？就我个人而言，我把宜家形容为“家具卖场中的迪士尼乐园”，无论是小孩还是大人，都可以在里面找寻到自己的对家的梦想和深刻解读，逛宜家简直就是在做一场人生规划的美梦。每一张桌子、每一个小板凳、每一盏小台灯、每一只小花瓶都被演绎成了对家这个舞台的最好装扮，令顾客恨不得把宜家的某一个展区搬回家去，从而使消费成了顾客理性思考和感性结合后的自然与必然。

如果家里的宝贝不乐意与妈妈购物，很简单，去宜家的儿童乐园吧，那里是孩子的天堂，妈妈能“血拼”多久，宝贝就能happy多久。在乐园里玩够了，还可以到餐厅里享受一份儿童喜爱的冰淇淋或者大餐，哈哈，真是亲子的美妙回忆。这些与消费无关，却与消费有关的体验区真是让人无法拒绝呀！购物的每一位成员没有一个不满意的。这些体验都是网购无法取代的乐趣呀。

宜家在设计顾客动线时遵循的绝非让顾客省时、省力、省心的原则，她考虑的核心是我家的产品如此之丰富、品类之广大、卖场之宏伟、陈列区域风格之多元，我要如何才能让一个顾客始终保持热情度，逛完全场，并随时选择自己钟爱的产品，在感性的氛围中购买到心怡的产品，买得热血沸腾、无怨无悔。

我想宜家的设计师们一定是费足了脑力，思考出了全球经典的“一线式”动线设计。“一线式”的动线设计就是让顾客在不知不觉中逛了宜家全场，除了会选择自己预算内的商品以外，还会脑子发热地购买一些额外商品。

（点评：注册会员的过程很人性化，便捷又享受多重实惠。）

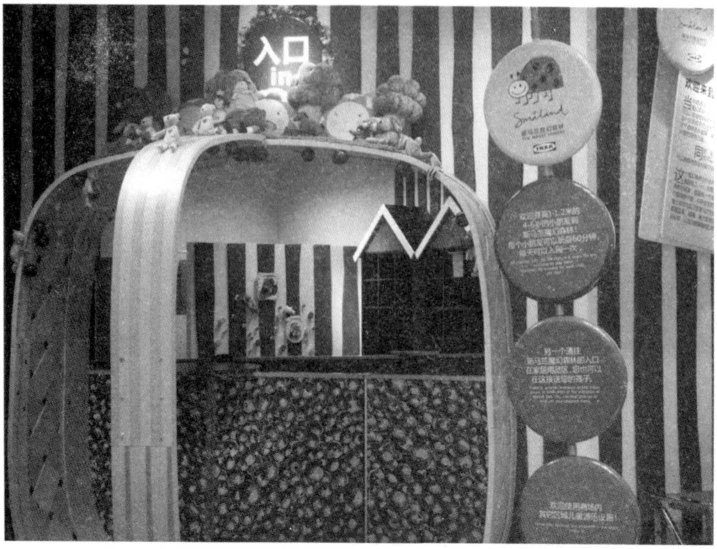

（点评：斯马兰魔幻森林可是好多宝贝的最爱呀！“妈妈，今天我们去宜家玩好吗？”哈哈，给顾客一个再次上门的机会。）

（点评：宜家的每一处整体样版间，都会创造出搭配销售的效果，幻想着在这样的空间生活，该有多惬意呀。）

我在宜家购物时，也成了这项设计中的受益者。一口气逛了两个小时，其间有无数次令人惊叹的发现，幻想着自己未来的甜美生活，享受着宜家的广告语所带来的美好气息。最后埋单时发现预算已经远远超支，不过谁叫我买得开心，买得愉快呢！我不但不会咒骂宜家，还感谢它给我的超值体验，这真是富有意义的一天呐！

③

如何在自家的专卖店内打造顾客功能体验区？

终端商和店长从宜家的案例中是否可以举一反三的推导出自己的专卖店应该如何设计呢？

在本书第五章中，我们谈到了吸引顾客购买的动线设计，在此我不再复述。这里我要重点与各位分享有价值的体验区的设计。

实战演练

某饰品品牌增加的芭比梳妆台

我们合作过的饰品品牌，在全国的万达广场均设有专卖店。在最初销售时，店员们发现顾客在试戴完产品以后流失率较高，经过分析后发现，流失的顾客绝大部分是没有化妆的顾客，即使试戴了产品也不会体现出产品的美感来。于是，经过我们的咨询，我们建议该品牌设立一个特色化妆台。最终，他们的专业设计师设计出了一款芭比式的梳妆台，在梳妆台上有化妆品。在试戴饰品之前，导购会像专业的化妆师一般引导顾客先做彩妆，然后简单整理一下头发，再试戴自家的产品。

这一举动有四点好处：一是增加了顾客的在店时间，每增加一分钟就可能刺激顾客更多地消费；二是增加了顾客对产品的购买指数，女孩子有没有化妆，佩戴饰品的效果完全不一样；第三是增加顾客的连单率，不断地试戴，不断地搭配，可以创造更高的客单价；第四是赠加了品牌与顾客的黏合度，在化妆与试戴产品期间，是导购为顾客进行心理建设的最佳时机。导购一边为顾客化妆，一边与顾客交流，交流点也是经过我们的专业设计，比如了解顾客平时的逛街频率："美丽的姐姐，您平时都喜欢什么时候逛街呀？"可别小看这个问题，这个问题可是最能摸出顾客的购买频率与回头率的。当顾客回答："我每周都逛一次吧。”导购会继续追问：“那姐姐，平时都喜欢逛什么呢？”这可是层层深入的话题，顾客回答：“××品牌的服装吧，还有……”导购：“姐姐，真是很有品味，其实像××品牌的服装和我们饰品的××系列超搭的哟，我化完妆以后，给您配一套我们这个系列的新品耳环、项链和戒指吧，一定可以为姐姐的气质提升起到画龙点睛作用呢。”顾客：“好呀。”顾客在潜移默化中就接受了我们的产品，更何况咱们的化妆是免费的，吃人嘴软，拿人手短，顾客总得回馈咱们点吧，而顾客的回馈和对我们的工作肯定就是她的购买行为。

陈老师总结

上述案例说明了有价值的功能体验区能最直接带动业绩提升，顾客在体验区所获得的心理满足与被尊重的感受是电商们永远无法赋予的。当然这个成功案例也说明了导购的引导话术设计与运用的重要性。动线设计、功能体验区、销售流程设计、导购销售话术一定要打好“组合拳”。

④ 体验式销售有哪五层境界?

让我们先来测评一下自家的店面属于体验式销售的哪个境界，再看看如何向更高的体验境界迈进吧！

体验式销售的第一层境界：看到了实物

和网购相比，在实体店能看到实物是最大的卖点之一，所谓眼见为实，顾客可以通过触摸、接触产品而加深对产品的了解，判断是否有需求。在这层境界中能刺激顾客消费的重要诱因来源于：商品的陈列方式、卖场的形象氛围营造与空间布局动线设计。如果你家的店面连这些基本点都没有做好的话，也就别怪顾客“没良心”地投奔网购啦。

体验式销售的第二层境界：试用了产品

顾客如果进店只是过路，那真是导购的不是了。连产品都没有试用过，请问这样的专卖店能产生什么样的业绩？为了提升顾客的试用率，我们将重点放在：销售流程设计、销售话术设计与导购服务动作设计上。

来分享一下我们所合作的客户案例。

实战演练

“北京二锅头散酒坊”，这个品牌非常厉害，在全国的发展势头异常迅猛。该品牌的散白酒迄今已有八百多年的悠久历史，历经明清两代，1368—1910年间还被奉为皇家贡酒，目前也是北京同仁堂指定的泡药酒专供品，属中华老字号品牌。我们在终端走访其门店时发现，进店的陌生客户对产品的熟悉程度不高时，第一次进店不一定会产生强烈的购买意愿，但是他们也百分之百不会拒绝试用装的产品。于是门店内推出散白酒试用袋装赠品，导购现场将指定度数的白酒打包给顾客，顾客带回家后可立即体验。

这个小方法基本上创造了90%以上的回头率，因为他们的产品是经得起比较和考验的。再加上导购的专业销售话术引导，比如说：“先生，您看您是想买泡酒。连北京同仁堂都拿咱们的散白酒来泡药酒，这说明什么呀？说明咱们酒的品质高、纯粮食酿造，它本身就是一味药，您还犹豫什么呢？”顾客在拿回家试用前，导购还会对顾客进行心理建设：“先生，咱们的酒因为是粮食酿造，所以绝对不上头，不信您明天起来试试感觉，我可以拍胸脯给您保证咱们品牌的质量。咱们是中华老字号品牌，这可是国内唯一拿钱买不到的荣誉呢！”我们要求导购不是背话术，而是坚定不移、自信满满的陈述这个事实，在讲的时候还要用力的拍自己的胸口，表示出十足的自信，这就是我们对专业话术的设计与销售动作的指导。

在销售流程设计方面，“北京二锅头散酒坊”也有着深刻的思考与落地执行方案。举个例子，在每一家门店内的收银台上，都会放着一盒糖果，里面放的是老北京的特产食品——袋装冰糖葫芦。如果进店的顾客带着小孩，导购会主动邀请小孩品尝地道的北京冰糖葫芦，几乎到店的孩子们都会很乐意接受这样的馈赠，不仅吃上一包，还得带上两包。导购的话术也经过专业的设计，他们会对着小孩的父母说：“请宝宝吃一包地道的北京冰糖葫芦，咱们北京二锅头和冰糖葫芦一样具有悠久的历史与文化，是北京的象征，也是北京的特产。”导购一边说，一边给小朋友剥糖葫芦，顺带还给小朋友的包里装上两包。试问哪家的父母看到这样的情景会“没良心”地立即走掉呢？怎么都要在店里和导购多聊一会儿吧，多聊的时机就已经创造了购物的机会了。有一次，我在终端门店听到一位带小孩的妈妈在店里说：“我家小孩非要拉我进来，说上次吃过阿姨的糖葫芦，这次还要来吃。真是嘴馋呀。得了，进来吧，我再买几斤泡酒。”这位顾客的行为足以说明，这项销售流程的设计完全可以直接提升顾客对品牌的忠诚度与回头率。

体验式销售的第三层境界：感受到了快乐

一切行为都是娱乐，如果能让顾客感受到愉快，那就可以抗衡于任何电商。购物不仅是带回商品，更是享受全过程。什么是快乐的购物行为？怎样才能带给顾客快乐？这是门店必须突破的核心点。

先来谈一下什么是不快乐的行为。我们可以从导购动作、话术、表情、专业等多个方面说明。

一、专业力不足，不能做顾客的顾问。

顾客：“你建议我选择什么样的款式？”

导购：“这个，我还没想好。您喜欢什么样的？”

请问这样的专业力如何服务顾客？

二、异议回答不到位，令顾客不信任。

顾客：“为什么你们的产品单价那么高呢？”

导购：“高吗？不觉得呀。都差不多吧，我们还算好的。”

试问顾客如何信任导购？

三、顾客心理把握不当，令顾客产生反感。

顾客：“哎呀，我穿这件，实在是太难看了。”

导购：“哪里呀，姐姐。您穿这样真是超级大美女。”

这不是睁眼说瞎话吗？

四、销售话术差，不能解读产品。

顾客：“这款蛋糕，好吃吗？”

导购：“没吃过，应该还可以吧。”

请问顾客如何接受产品？

五、服务意识弱，不能尊重顾客。

顾客："小妹，再给我拿一件加大号。"

导购："姐姐，我们的型号您都试完了，可能还真是您身材的问题。"

这样的回答不打架才怪！

在终端门店中如何创造快乐的感觉呢？肯定要从加强服务技巧、顾客心理把握、产品专业知识掌握、异议回答话术等方面对品牌进行专业的设计与培训。

体验式销售的第四层境界：受到了教育

我们在和顾客互动的过程中，尤其是在顾客体验的过程中，如果没有做到教育顾客，那要让顾客接受产品并买单的可能性就非常小了。我们需要教育顾客什么呢？教育一个人的结果包括：改变观念、修正行为、养成习惯、形成性格、决定命运。当然，我们的消费过程兴许不能达成最终的圆满，但至少通过我们与顾客的沟通与互动，可以改变顾客观念或者是修正行为。

我们来看两则案例。

实战演练

某豆浆机的生活体验馆里，摆放着许多他们的豆浆机产品。每天一清早就有顾客在外面排起了长龙，这些顾客都是早上来享受一杯免费豆浆的，生活馆的店员非常敬业地关注着每一位排队的顾客，她总是不厌其烦地对顾客说："先生（太太），您吃早餐了吗？如果没吃，可不要空腹喝豆浆呀，如果空腹喝豆浆，会将豆浆全部转化成热能供人体消耗，反而减少了人体对营养的吸收，这种行为是不健康的。您先买个馒头垫个底再喝啊。"小小的一个提示，事实上就是一种饮食习惯的教育，顾客不仅记住了这条健康的饮食经验，还打心眼儿里认为这是一个对顾客健康生活负责的品牌。

再来看一某化妆品专柜，一位中年太太想选择一款眼影，以下是她与导购的沟通。

导购："太太，您以前比较喜欢购买什么样色彩的眼影呢？"

太太："没用过，因为公司有要求要化淡妆了，所以来看看。"

导购："是的，白领上班化妆会看起来更精神一些。那您买眼影是希望在什么场合使用呢？"

太太："就是公司的一般商务行为吧，我也不太会选，更不会使用。"

导购："那太太，我建议您可以购买我们品牌的经典色系——大地色系。大地色系，顾名思义就是以大地的色彩为主，包括咖啡色、深黄色、金黄色、灰黑色等，这类色系适合各年龄段的女性，属于百搭款。尤其针对职场女性搭配各类职业装是非常适合的。"

太太："是吗？那我试试。"

导购："是的，太太，您不仅需要购买到合适您气质、肤色的眼影，还要尝试学会眼影的使用方法。我会给您的左眼做一次示范，然后您自己尝试着来化右眼，相信您很快就会学会几套常用的眼影化妆方式，很快就会更加靓丽动人。"

太太："能学会吗？"

导购："您放心，我做这行已经五年了，教会了好多初学者，她们现在可都是专家级的。一位女性要懂得爱惜自己的容貌，只有咱们自己美丽了，才能更自信地去和他人合作。杨澜曾经说过形象大于能力一百倍！所以，我们要更加完善自己的形象，您说是吧？"

太太："你说得太对了，快来教教我吧，我一定要学会。"

太太在学习完化眼影的方法后，开心地购买了成套化妆品。在化妆的过程中，导购不仅教授了太太化眼影的技巧，还教授了整体妆容打造的技巧，更传递了"美好的形象对于一位女性的工作与生活的重要性"的理念。顾客对该品牌及导购建立了极大的信任度，也会成为其长久的顾客。

无论何种产品、无论什么样的顾客，"教育顾客"随时随地、无处不在。

怎样才能做到将教育顾客和刺激消费有效的结合呢？我们在和品牌合作的过程中，非常注重导购在与顾客沟通中的话术内容设计、表达方式与互动沟通技巧。只有在这三方面进行了设计与培训，才能将顾客教育做到极致。

体验式销售的第五层境界：坚定了信念

话说孙悟空被压五行山下，唐僧经过要救他。唐僧没有先去搬一座大山，就他那点儿力气，动不了这山一根毫毛。唐僧只是把五指山上的一道符给摘掉了，接着孙悟空靠着自己的内力劈开了大山，终得逃脱。这个故事很有寓意，唐僧所摘掉的那道符象征着一个人的"观念"，而孙悟空靠内力劈开大山象征着一个人的"行动力"。它在说明要改变一个人先得改变他的观念，只有观念改变了，其行为才能爆发出力量。试想，如果唐僧要去搬山，那可就“事倍功半”了。

其实上我们销售的不仅是一种产品，更是一种生活方式、一项生活理念或者一种人生态度，甚至是一种哲学思想与价值观。如果我们在销售过程中能将这些理念有效地灌输给顾客，就等于唐僧摘掉五行山上的那道符，最终会引爆顾客无穷的购买力。

能将品牌理念做到极致的产品总是能紧紧抓住顾客的心，并最终形成持续的成交。一但顾客接受这些理念，他必定会终身追随品牌，这时品牌已经成为了他生活的一部分、美好的回忆的一部分。

实战演练

一次我与同事去上海出差，空闲之余，我们去逛城隍庙。走进一家老上海店面的时候，发现里面全都是20世纪七八十年代的老货品牌。这些品牌勾起了我儿时的记忆，金刚钻发膏——那可是我外公的最爱，百雀羚面霜——我奶奶的每日必备品，蛤蜊油——冬季必用良品……闻到这些味儿，都能让我享受着童年的快乐与幸福感。于是乎，我照单全收。带回家送家里人，家里人都开心得了不得，虽说这些东西便宜，可都充斥着他们儿时最美好的记忆。为什么我们对这些品牌印象深刻，情感深厚？因为，那时候在消费者心里认为，来自上海的商品就是好商品，来自上海的商品就是有洋味儿品牌，来自上海的产品质量就是靠得住，只要打上了上海的标记，就是正宗的好产品。那个年代的人知道，用“上海”产品的人一定是有钱、有身份甚至是有关系才能搞到产品的人，这就是品牌的最终定位与指向。当今的奢侈品也是这样的套路。

“无印良品”是一家日本杂货品牌，日文的意思为“无品牌标识的好产品”，其商品的设计理念为“纯朴、简洁、环保和以人为本”。在“无印良品”专卖店里，除了红色的“MUJI”方框，顾客几乎看不到任何鲜艳的颜色，大多数产品的主色调都是白色、米色、蓝色、黑色，或者干脆就是透明的。在商品开发中，无印良品对设计、原材料、价格都制定了严格的规定。例如服装类要严格遵守无花纹、格纹、条纹等设计原则，颜色上只使用黑白相间、褐色、蓝色等，无论当年的流行色多么受欢迎，也决不超出设计原则去开发商品。

有人认为，与其说“无印良品”是一个品牌，不如说它是一种生活的哲学。它不强调所谓的流行，而是以平实的价格将还原了商品价值的真实意义，并在似有若无的设计中，将产品升华至文化层面。

很多喜欢在“无印良品”里购物的顾客均被其单纯、朴素的产品所吸引，这正是他们认同的“大道至简”的人生哲学。我相信这种生活态度是有调性的，也是有非此即彼的立场的。我也相信喜欢“无印良品”的人，一定会对复杂的、艳丽的、华丽奢华感强的品牌充满排斥。“无印良品”将人生的哲学态度在产品中演绎到了极致，所以他在全世界的追随者无穷。胸怀“大道至简”信念的人们将永远追随该品牌，他们的日用品、他们的家居布置、他们的餐厅、他们的卧室无不被“无印良品”的产品包围，因为只有这个品牌能解读他们的情感，演绎他们的内心，他们用自己购买的产品向世界宣布“我就是这样一个人！”

陈老师总结

作为终端店面的店长，你是否在销售的环节中向顾客传递品牌的理念，传播品牌的文化？是否向顾客宣布我们的品牌态度与人生哲学？

以下是我们给某些品牌设计的生活哲学话术，希望能启发各位。

低价位的生活用品导购话术：“姐姐，节省是中华民族的传统美德，您选择我们的产品说明您特别持家，特别会过日子。”（强调节俭的生活美德与品牌定位匹配。）

高价位的按摩产品导购话术：“先生，对于您的身份来说钱不是问题，问题是有没有时间去孝敬您的父母。如果自己没有时间陪伴父母。就让这款按摩机给您的父母捶捶背、按按肩。孝心是我们中华民族的传统美德，您也一定是一位懂得尽孝之人。”（强调孝心文化。）

各位门店的终端商、店长，我们有必要为自己的门店设计一套这样的生活哲学话术去影响我们的顾客。让顾客在体验产品时将产品融入文化情感，并将品牌理念根植于他们的内心。

当我们做到了这五层境界，我相信你门店的顾客在你的品牌领域里，拒绝接受电商的产品，因为他在你这里消费所得到的已经远远不止一件产品的价值，更多的是对人的关怀、对人性的关怀、对人文的关怀。

后 记

从事咨询行业十余年，之所以专注于终端零售行业，除了热爱便是缘分。是“缘分”让我结识了许多优秀的企业家、职业经理人、店长和导购。在讲台上，我望着台下一双双渴望知识、追求成长和进步的眼睛，听到学员们发出的阵阵掌声，看到学员们获得启发和感悟后不经意间会心的微笑，以及受到我的观念和方法对学员的事业和生活等方面产生积极影响后学员对我的真挚感谢，无不给我带来巨大的工作动力。

一直以来，我的很多朋友、客户、学员以及我太太，都鼓励我编写一本关于如何当店长的图书。但由于不想雷同于其他同类书，也不想写成教条般的工具书；再加上时间有限，所以，我一直没有动笔。

2012年，因缘分结识了博雅广华的策划编辑马兴欢，她的敬业与专业使我备受鼓舞，于是我和我太太决定共同编写一本关于顶尖店长如何当的图书，它凝聚了我和太太的无数心血，我们真心渴望将所学、所见、所思、所长毫无保留地呈现给各位追求成长、渴望成功的店长，希望店长们能用心品味、细心体会、学以致用。

对于这本书的顺利完成，我要特别感谢我的太太，感谢她的全力支持与付出。因为有了她的参与，我的每一天都充满着惊喜与感动。我们共同成长共同努力的经历，是我人生中最重要、最宝贵的财富。其次要感谢我的团队，感谢他们在工作中给了我很多支持和理解，感谢他们积极地收集和整理相关案例资料，并不辞辛劳地协助我从事边远山区的助学活动。最后要感谢所有关心、支持和帮助过“商越训练”的客户和朋友们，感谢你们对我的信任、鼓励和支持。

愿这本书能给众多的店长读者们有益的启示和帮助。

陈待忠

博雅故事

您在培训领域一定听说过这些人：

曾仕强 《中国式管理》系列

余世维 《领导有方》系列

刘　峰 《新领导观》系列

付　遥 《输赢》

吴甘霖 《做最好的中层》《做最好的执行者》系列

由于领域差异，您未必听说过这些人：

王建四 服装行业 《导购这样说才对》

伍　昊 创意职场 《你早该这样玩Excel》

鞠远华 沟通励志 《5分钟打动人心》《为自己工作到最好》

王金战 学习指导 《王金战育才方案》《数学是怎样学好的》

刘称莲 家庭教育 《陪孩子走过》系列

……

是的，他们都是销量超过50万册的培训书。只是我们书单中的一部分。

8年来，我们合作的作者超过500位，平均图书销售量超过4万册。图书出版后，课量和课酬增长的作者超过60%。

我们是专注地做图书产品的手艺人，我们深知，对图书的任何一点轻忽，都是对作者和自己的深度冒犯。

我们是中国培训图书第一团队！

博雅故事

换个行头 再聚江湖

从离开学校那天开始，我们必须学着工作、学着成为主管、学着协同他人，必须学着成为父母，和孩子一起刷新看世界的方式。
培训是伴随一生的能量提供站，
“为终生学习赋能”成为博雅广华的信仰。

从博雅光华到博雅广华，我们改换了行头，本质从未改变。
我们齐聚江湖，让培训变得更为性感、生动和饱满。

博雅广华

来！
向心仪的作者面对面请教

博雅私学App

图书+App = 一本全媒体图书
一次以图书为依托的培训
一个可定制的解决方案

电话私学：每标段30分钟。不管您在哪儿，您都可以通过电话跟作者一对一交流。

咖啡私学：每标段90分钟。是的，您可以跟作者一起喝咖啡，直接讨教您最关心的具体问题。

咖啡主题小班：每标段90分钟。一个人去见心仪的作者，有点不好意思，正好有两个朋友也有这个需求，你们3个人（最多不能超过5个）一起凑一个小班，跟作者喝咖啡吧。

公开课预留席位：作者有公开课的时候，我们可以帮您预留席位。

预约电话：010-82062183（人工服务时间 9：30-17：30）

博雅私学App由摩博（北京）科技有限公司开发